Otto Erler

**Das Mystère de Saint Denis nach der Handschrift No. 1041**

**der Pariser Nationalbibliothek und seine Quelle**

Otto Erler

**Das Mystère de Saint Denis nach der Handschrift No. 1041 der Pariser Nationalbibliothek und seine Quelle**

ISBN/EAN: 9783337248826

Hergestellt in Europa, USA, Kanada, Australien, Japan

Cover: Foto ©Thomas Meinert / pixelio.de

Weitere Bücher finden Sie auf **www.hansebooks.com**

# Das Mystère de Saint Denis
nach der Handschrift No. 1041 der Pariser Nationalbibliothek
und seine Quelle.

---

# Inaugural-Dissertation

zur

Erlangung der Doktorwürde

bei der

**hohen philosophischen Fakultät der Universität Marburg**

eingereicht von

## Otto Erler
aus Gera.

Marburg 1896.

Von der Fakultät als Dissertation angenommen
am 5. Februar 1896.

# Seinen Eltern

in Liebe und Dankbarkeit

gewidmet

vom

Verfasser.

In ihrer „Histoire du théâtre français" kommen die Brüder Parfaict[1]) auch auf ein „Mystère de St. Denis" zu sprechen, geben eine Beschreibung der Handschrift und in grossen Zügen den Inhalt des Mystère, das nach ihrer Meinung Ende des 15. Jahrhunderts entstanden ist.

Auch Petit de Julleville[2]) beschäftigt sich in den „Mystères" mit diesem Stücke, skizziert ebenfalls kurz seinen Inhalt, nennt die ungefähre Verszahl so wie die Anzahl und die Namen der auftretenden Personen und druckt ausserdem die Anfangs- und Schlussverse ab. Er setzt die Handschrift in den Anfang des 16. Jahrhunderts.

Nun ist noch eine ältere, dramatische Version unseres Mystère erhalten, die in der von A. Jubinal unter dem Titel: „Mystères inédits du quinzième siècle" veröffentlichten Handschrift[3]) enthalten ist.

Es ist dies eine Sammelhandschrift, die eine ganze An-

---

[1]) Histoire du théâtre français par les frères Parfaict, Paris 1745. t. II, 502—507.

[2]) L. Petit de Julleville, Histoire du Théâtre en France. Les Mystères, Paris 1880 tom. II, 506—508.

[3]) Die Handschrift liegt jetzt auf der Bibliothek St. Geneviève in Paris unter No. Yf 10, fol.

zahl dramatisierter biblischer Stoffe und Heiligenlegenden umfasst. Von besonderem Interesse ist für uns der erste Teil der Handschrift, der mit dem Martyrium des heiligen Denis abschliesst. Dieser Teil besteht aus folgenden Einzelmysterien:

1. Das Martyrium St. Estiennes.
2. Die Bekehrung St. Pauls.
3. Die Bekehrung von St. Denis.
4. Das Martyrium St. Pierres und St. Pauls.
5. Das Martyrium von St. Denis.

Über die Möglichkeit, dass unser Mystère zu der eben erwähnten Version in Beziehung stehen könne, hat sich P. de Julleville[1]) nicht geäussert und den Brüdern Parfaict war die von Jubinal veröffentlichte Version noch unbekannt.

Behufs richtiger litterarhistorischer Würdigung des jüngeren Mystère, auf das mich Herr Prof. Stengel freundlichst aufmerksam machte, musste ich natürlich die ältere Version zum Vergleich heranziehen, um zunächst eventuell eine Verwandtschaft beider festzustellen.

## I. Handschrift.

Auf der Pariser Nationalbibliothek liegt im fonds français unter No 1041 die meines Wissens einzige Handschrift eines

---

1) P. de Julleville behandelt unser Mystère als durchaus selbstständiges Werk neben den obengenannten Einzelmysterien, ja er bezeichnet sogar die „Conversion de saint Denis‘, das „Martyre de saint Denis‘ (aus der von Jubinal veröffentlichten Handschrift) und das „Mystère de saint Denis‘ (unsere Handschrift) als ‚trois pièces différentes qui vont être analysées successivement‘. tom. II, 502.

Mystère de St. Denis. Ende des Wintersemesters 1894/95 fertigte ich mir davon eine genaue Abschrift an.

Den Beschreibungen der Handschrift, wie sie die Brüder Parfaict und P. de Julleville (s. o. a. a. O.) geben, habe ich noch folgendes hinzuzufügen:

Das Mystère ist in einer Papierhandschrift in Quartfolio überliefert, die 246 Blätter enthält. Auf jede der einspaltigen Seiten kommen bei ununterbrochenen Versen durchschnittlich 18 paarweis reimende, in abgesetzten Zeilen geschriebene Verse von verschiedener Länge. Ihre Summe beträgt ausschliesslich der Zusatzverse 8576, einschliesslich derselben 8725.

Das Mystère besitzt weder Pro- noch Epilog.

Auf Blatt 246 r⁰ ist auf die untere Hälfte der Seite von wenig kunstgeübter Hand das Brustbild eines Mannes hingemalt, der eine hohe, spitzzulaufende Kopfbedeckung trägt. Es soll jedenfalls St. Denis als „ersten Bischoff von Paris" mit der Bischoffsmütze auf dem Haupte darstellen.

Die Personennamen des Stückes zeigen ebenso wie die Scenenvermerke französische Sprachform.

Auf der ersten Seite der Handschrift sind von einem Schreiber folgende Dévisen angebracht worden: En faisant mal et peu de bien le temps se passe et la mort vient. Ferner: Amour mord; Une seulle ayme. In der Mitte der Seite steht das Wort: Naisne.

Auf der zweiten Seite der Handschrift ist zunächst das Personenverzeichnis wieder von einer anderen Hand eingetragen worden. Der geaulier wird darin doppelt aufgeführt, das erste Mal mit dem Vermerk ‚a part'; denselben Vermerk tragen noch die Rollen des Annas und Saulus. Nachträglich hat derselbe Schreiber hinter den Rollen noch die Namen der Personen angegeben, die das Stück darstellten, doch ist die Schrift völlig unleserlich[1]).

Das Mystère selbst ist zum weitaus grössten Teile in klaren und deutlichen Zügen geschrieben und gut erhalten. Es zerfällt rein äusserlich in zwei Teile, da von Blatt 125 an das Format des Papieres grösser ist als im vorhergehenden Teil.

## II. Ausdehnung des Mystère in ursprünglicher und in überlieferter Form.

In ihren Angaben über unser Mystère betonen sowohl die Brüder Parfaict wie P. de Julleville die Unmöglichkeit die Anzahl der journées, aus denen sich das Mystère zusammensetzte, zu bestimmen. Die Brüder Parfaict nehmen deren drei an und geben den Inhalt der ersten und dritten journée dem Manuscript folgend in grossen Zügen an. Die zweite journée ist nach ihrer Annahme im Manuscript nicht überkommen. P. de Julleville teilt das Mystère, wie es überliefert ist, in zwei journées ein, neigt aber auch der Ansicht der Brüder Parfaict, dass es deren drei gewesen sein können, zu. Ja, er geht insofern noch weiter, als er das vollständige Mystère aus 25000 Versen bestehen lässt.

Bei genauerer Betrachtung der Handschrift fand sich nun auf Blatt 132 r° links oben in der Ecke nahe der Heftstelle

---

[1]) Die drei Namen, welche die Brüder Parfaict (a. a. O.) entziffert haben, habe ich nicht mit den entsprechenden Zügen der Handschrift identifizieren können, ich gebe sie aber der Vollständigkeit halber hier wieder, sie heissen:

        S. Bartholemy . . . . . . Pierre Guerin.
        S. Thomas    . . . . . . Pierre Gauffier.
        S. Pinaut, diacre . . . . L. Chubot.

des Blattes eine vom Copisten herrührende abgekürzte Bemerkung, welche aufgelöst: ‚Sixième Journée' heisst. Es steht also hiernach zunächst fest, dass das Mystère in seiner ursprünglichen Gestalt mindestens aus sechs journées bestanden hat. Dass es deren noch mehr gewesen seien, erscheint aus folgenden Gründen unmöglich. Von Blatt 132 r⁰ bis zum Ende des Manuscriptes bleiben noch 114 Blätter mit einer Anzahl von ca. 4000 Versen, die nach dem, was wir von der Länge der journées in anderen Mystères wissen[1]), sehr wohl den Inhalt einer journée ausmachen können. Nun endet zwar das Mystère nicht auf Blatt 246 r⁰, trotzdem aber ist kein Grund vorhanden noch eine siebente journée anzusetzen, da die Handlung, wie der Vergleich mit der Quelle zeigen wird, auf Blatt 246 r⁰ schon soweit fortgeschritten ist, dass die Zahl der bis zum Ende des Mystère fehlenden Verse nur eine verhältnissmässig geringe sein kann. Durch die Thatsache, dass das Mystère aus sechs journées bestanden hat, von denen jede ca. 4000 Verse umfasste, wird schliesslich auch die Vermutung Jullevilles, dass das vollständige Mystère ca. 25000 Verse gezählt habe, bestätigt.

Ich gehe nun über zur Betrachtung des Mystère, wie es uns überliefert ist. Zunächst lässt sich der Inhalt der Blätter 1—124 folgendermassen skizzieren:

1. Denis errichtet, durch eine Sonnenfinsternis erschreckt, dem „unbekannten Gott" einen Altar.

2. Wahl der diacres aus der Zahl der Apostel.

---

1) Das ‚Mystère de Sainte Barbe' z. B. hat 20000 Verse und zerfällt in fünf journées, von denen jede durchschnittlich 70 Blätter einnimmt. Es kommen also auch hier auf jede journée ca. 4000 Verse.

3. Vorgeschichte des Martyriums St. Estiennes bis zu seiner Einkerkerung[1]).

Mit Blatt 124, auf dem nur zwei Verse stehen, schliesst nach meiner Meinung die erste journée ab. Nach Blatt 124 ist die grosse Lücke anzusetzen, in welcher die journées 2—5 incl. gestanden haben müssen.

Schon auf Blatt 125 beginnt dann, meiner Ansicht nach, die sechste journée, obwohl die oben erwähnte Bemerkung sich erst auf 132 r⁰ befindet. Blatt 125—131 enthält eine Unterredung der neugewählten eschevins von Paris. Diese unterhalten sich über die erste Besiedelung Galliens durch die Trojaner unter Priamus' Leitung, ferner über die Ableitung des Wortes „françois" von dem Namen eines der Söhne des Priamus und kommen dann plötzlich auf die der Hauptstadt des Landes drohende Christengefahr zu sprechen. Die Unterredung ist nicht vollständig, sondern bricht mitten auf Blatt 131 r⁰ ab, den übrigen Raum des Blattes freilassend. Diese Scene ist, wie auch ihr Inhalt beweist, am besten als Prologscene zur sechsten journée zu fassen.

Auf Blatt 132 r⁰ beginnt laut oben erwähnter Bemerkung die sechste journée. Der Hauptinhalt ihrer Scenen ist folgender:

1. Kaiser Domitien beschliesst den Göttern ein allgemeines Opfer bringen zu lassen.

2. Denis kommt in Frankreich an, weist seinen Gefährten

---

1) Dass diese wenigen Scenen 123 Blätter in Anspruch nehmen, erklärt sich aus den langen philosophischen Gesprächen des Denis und seiner Gefährten, mehreren Teufelscenen, sowie einer langatmigen Scene zwischen der Mutter Jesu und den Aposteln.

ihre Missionsgebiete an und bricht dann mit Rusticque und Eleuthère nach Paris auf.

3. Denis predigt den Parisern die neue Lehre.

4. Die eschevins beschliessen Denis und seine Gefährten zu töten.

5. Bekehrung Lubics durch Denis.

6. Denis entgeht durch ein Wunder der Gefangennahme.

7. Kaiser Domition erhält Kunde von der Thätigkeit des Denis und schickt zu seiner Bestrafung Fescennin nach Frankreich.

8. Fescennin kommt in Paris an und befiehlt Denis gefangen zu nehmen.

9. Denis wird gefangen genommen und eingekerkert.

10. Larcie verklagt bei Fescennin ihren Mann Lubic wegen seiner Abtrünnigkeit. Er wird gefangen genommen und enthauptet.

11. Marter des Denis und seiner Gefährten[1].)

## III. Copist und Bearbeiter.

Bevor wir uns mit dem Copisten und den Bearbeitern des Mystère beschäftigen, seien noch kurz die zahlreichen den Verlauf des Mystère begleitenden Randstriche erwähnt. Sie zeigen meist grössere oder kleinere Winkelform und dienten jedenfalls deklamatorischen Zwecken, besonders, wie ich glaube, zur Hervorhebung der Pausen.

Acht Personen sind an unserer Handschrift thätig gewesen. Ich theile sie ein in:

---

1) In Bezug auf den ausführlichen Inhalt cf. Analyse.

### a) Bearbeiter, deren Thätigkeit rein positiver Natur ist.

Es sind:

1. A: Seine Schrift ist steil, ziemlich gross, die einzelnen Züge sind fest und klar; i-Striche fehlen. Die Majuskeln sind schwungvoll, von den Minuskeln sind besonders s und y oft verschnörkelt. Den eben geschilderten Charakter zeigt die Schrift besonders im Anfang des Manuscriptes. Der Arbeitslust des Schreibers entsprechend ändert die Schrift manchmal etwas den Charakter. So wird sie auf Bl. 46 r° mit der Rede des Denis enger; auf Bl. 76—77 r° wird sie allmählich kleiner und flüchtiger. Auf Blatt 125 wird sie wieder etwas enger, gewinnt aber zugleich die alte Klarheit wieder. Im allgemeinen aber bleibt der Charakter der Schrift der oben geschilderte.

2. B: Grosse, unbeholfene, eckige Schrift. Die Buchstaben sind ungleichmässig und undeutlich; die Majuskeln verklext. Das Einschaltungszeichen von B ist ein Kreuz (†).

3. C: Kleine, dünne, runde, dabei äusserst flüchtige Schrift, welche die Eile des Schreibenden deutlich verrät. Häufige Abkürzungen.

4. D: Sehr zarte Schrift mit überlangen und dünnen Haarstrichen, reich verschnörkelt. Auffallendes Missverhältnis in der Grösse der Majuskeln und Minuskeln, auch in der Grösse der Minuskeln unter sich, so dass z. B. ein langes ſ die sechsfache Grösse des a ausmacht.

### b) Bearbeiter, deren Thätigkeit sowohl positiver wie negativer Natur ist.

5. E: Kleine, zierliche, schräge Schrift. Die Abkürzungen von ‚nostre' und ‚vostre' mit einem Schnörkel überzogen,

ebenso e am Wortende; h oft wie ein Fraktur-h geschrieben; b wie β. Das Einschaltungszeichen für die von E auf die Blätter von A geschriebenen Zusätze, ist ähnlich einem flüchtigen Majuskel-H, das aus zwei parallelen Vertikalstrichen und einem sie schneidenden Horizontalstriche besteht. Oft schliessen sich auch die Zusätze (wie nach V. 1298, 1332, 1684, 1744, 1963) an die letzte Zeile der Seite an und stehen dann auf dem freien, unteren Rand der Seite. Ein Einschaltungszeichen war hier also unnötig und ist deshalb weggelassen. Nur einmal, nach V. 3461 ist doch eines angebracht, das einem lambda ähnlich sieht. Das Winkelzeichen nach V. 566 kann man recht gut als Pausezeichen (s. o.) auffassen. Das Auslassungszeichen von E besteht aus vier sternförmig sich schneidenden Linien und ist an beiden Enden der wegfallenden Stelle angebracht.

6. F: Wenig charakteristische, gleichmässig hingemalte, kraftlose Schrift mit gleichdünnen Haar- und Grundstrichen. Keine Schnörkel. Die Zusätze sind einfach an den Rand geschrieben, gewöhnlich mitten vor das Auslassungszeichen, das in Gestalt einer runden Klammer die auszulassenden Verse auf der linken Seite einschliesst. Zur besseren Hervorhebung der Auslassungen hat F des öfteren noch ein ‚vacat' dazugeschrieben.

c) **Bearbeiter, deren Thätigkeit rein negativer Natur ist.**

7. G: Keine schriftliche Randbemerkung. Die auszulassende Stelle ist an beiden Enden durch eine Figur bezeichnet, welche aus einem Kreis mit hineingezeichneten 1 cm. langen Vertical- und Horizontaldurchmessern besteht[1]).

---

[1]) Es erscheint gewagt auf Grund dieses einen Kriteriums einen

8. H: Eine Randbemerkung mit energischer, ausgeschriebener, dabei etwas flüchtiger Schrift. Eigene Schreibung des e. Die auszulassende Stelle wird von H dreimal stark durchstrichen, einmal durch den senkrechten Strich und dann durch die Diagonalen, deren Schnittpunkt auf der Senkrechten liegt.

Wenig förderlich für die Unterscheidung der Bearbeiter ist die Farbe der Tinte, die sie gebrauchten. Sie ist meist schwarz, tuschefarben, manchmal etwas heller werdend; nur in der Schrift des Bearbeiters C ist sie durchgehend hellgrau und deshalb für diesen charakteristisch.

Das uns überlieferte Mystère rührt zum weitaus grössten Teile von der Hand des Schreibers A her. Wie aus zahlreichen Vorschreibungen (V. 24, 43, 347 etc.) hervorgeht — besonders solchen, die in der Wiederholung schon abgeschriebener und deshalb von A wieder gestrichener Verse bestehen[1]) — ist unser Manuscript nicht die Originalhandschrift, sondern eine Copie, aber die eines Mannes, der sich genau an seine Vorlage gehalten hat[2]).

---

besonderen Bearbeiter anzusetzen. Ich habe es trotzdem gethan, erstens, um die Übersicht zu erleichtern, zweitens, weil sich die Unmöglichkeit ergab, irgend einem der übrigen Bearbeiter diese Kürzung zuzuschreiben.

1) cf. V. 1390, 1559, 8314; einmal (S. 119 r° V. 4153—68) hat A infolge seiner Unachtsamkeit ein Dialogfragment aus dem uns verlorenen Teile der Handschrift vorweg kopiert, das natürlich da, wo es jetzt steht, keinerlei Zusammenhang mit den angrenzenden Teilen hat.

2) Zwei Lücken des Originals sind vom Copisten absichtlich offen gelassen worden. Die erste auf Blatt 131 r° nach V. 4548, wo die Unterredung der eschevins plötzlich abbricht, die andere auf Blatt 169 r° nach V. 5919, wo die durch die Bemerkung: ‚Sathan estant dessoubz l'autel dit' angekündigte Rede Sathans fehlt. Jedenfalls sollten die fehlenden Teile später eingefügt werden, denn A hat nach V. 4548 wie nach V. 5919 den Raum von anderthalber bezw. einer Seite freigelassen.

Der Gang der Handlung im Originaltexte, wie ihn A überliefert hat, ist äusserst schleppend. Im ersten Teile wird das Auftreten des Denis verzögert und unterbrochen durch eingeschobene Scenen der Teufel, tirans und maistres von Athen. Befreit von ganz überflüssigen Scenen, wenn auch deshalb nicht kürzer, gestaltet sich die Wahl der 7 diacres. Im Martyrium St. Estiennes dagegen wird wieder durch eine Teufelscene und durch Scenen zwischen den Pharisäern die ohnehin so geringe dramatische Kraft der Ereignisse lahm gelegt. Im Martyrium des St. Denis endlich werden die Ereignisse, für den Leser wenigstens, dadurch geradezu unwirksam gemacht, dass sie unter eine Menge von Scenen verzettelt sind[1]), die für die Entwicklung der Handlung keine Bedeutung haben.

Der Text unseres Mystère ist die Leistung eines Mannes von grossem Fleiss aber geringer Begabung. Der Verfasser war Cleriker, wie man schon bei flüchtigem Überlesen sieht sein Stück hat daher grosse Ähnlichkeit mit einer dramatisierten Erbauungspredigt. Jeder Originalität bar, spiegelt es getreu die Tendenzen wieder, die die dramatische Litteratur Frankreichs im Anfange des 16. Jahrhunderts beherrschten. Dem Streben der mittelalterlichen Scholastik aus den Evangelien eine möglichst grosse Summe von Glaubenssätzen zu ziehen, wird von dem Verfasser unseres Mystère reichlich Rechnung getragen. Er bringt derartige Sätze erst lateinisch, übersetzt sie dann und erläutert sie in längerer Rede. Ferner ist er überall bestrebt für die aufgestellten Dogmen den

---

1) Es sind dies: Opfer- und Gebet-Scenen in Rom, Scenen der parisiens, der tirans mit dem geollier, Fescennins mit dem Wirtspaar seines Gasthauses wie mit den tirans.

Wahrheitsbeweis anzutreten, wobei es nicht ohne Naivetäten abgeht. Bei der Wahl der diacres wird z. B. der allzu wissbegierige St. Estienne von St. Pierre V. 3125—26 zum Schweigen gebracht mit den Worten:

> a telle fin ne veuillez tendre
> trop desplairoit au Roy de gloyre.

Auch von einer eigentlichen Bekehrungsthätigkeit ist bei diesen Aposteln nicht die Rede[1]). Sie treten auf, tragen die neue Lehre vor und werden dafür von der Gegenpartei ergriffen und zu Tode gebracht. Dabei kommt es dem Dichter auf die Ereignisse wenig an, sie sind ihm nur Mittel zum Zweck; denn sie geben ihm Gelegenheit in langen Disputationen die Weisheit und in langen Gebeten die Gottesfurcht seines Helden eindringlichst zu schildern. Selbst die Teufelscenen, die der Verfasser dem Geschmacke des Publikums zu Liebe, einfügte, dienen direkt oder indirekt der Verherrlichung Christi und seiner Anhänger. Nicht anders ist es zu erklären, dass der Verfasser den Lucifer die Versuchung Christi ausführlich erzählen lässt, die doch für den Teufel einen Misserfolg bedeutet. Die Teufel sind in unserem Mystère übrigens sehr zahme Gesellen; der einzige intelligente unter ihnen, Sathan, der alle bösen Unternehmungen auf der Erde ins Werk setzen muss, wird auch noch mit Undank belohnt und beklagt sich bitter über sein Los, das ihn in solche Gesellschaft brachte. Ich erwähne diese Rolle besonders, weil mir hier der einzige Ansatz einer Charakterisierung vorhan-

---

1) Im Martyrium St. Estiennes wird von dem Apostel niemand, im Martyrium S. Denis' nur ein Franzose bekehrt.

den zu sein scheint. Auch die Marter des Denis hat der Verfasser, ebenfalls um dem Geschmack des Publikums an grausigen Scenen zu dienen, ausführlich behandelt, doch sucht er hier durch metrische Kunstfertigkeit den Stoff zu heben und im Sinne seiner Zeit kunstgerechter zu gestalten. Überhaupt liegt, wie wir nachher sehen werden, die eigentliche Stärke des Autors auf metrischem Gebiete.

Bevor wir nun zur Charakteristik der einzelnen Bearbeiter übergehen, sei gleich im Voraus bemerkt, dass unser Mystère, wie sowohl die Zusätze als auch die Streichungen erkennen lassen, durchaus in den Händen der Geistlichen geblieben ist. Nicht selten nämlich hatten die Mystères das entgegengesetzte Schicksal. So wurde manchen dieser Stücke, welche geschrieben waren das Ansehen des Klerus zu stützen, durch die Thätigkeit weltlicher Bearbeiter geradezu eine antiklerikale Tendenz gegeben. Ein Beispiel hierfür ist das Mystère de St. Genis[1]).

Die Aufeinanderfolge der verschiedenen Bearbeiter lässt sich nicht bestimmen. Nur in Bezug auf H und F steht fest, dass F jünger ist als H, da F in seinen Streichungen direkt auf H Bezug genommen hat. Es blieb mir infolgedessen nichts weiter übrig, als die Bearbeiter in der Reihenfolge zu nennen, wie sie in der Handschrift auftreten.

Als erster Correktor taucht E in unserer Handschrift auf. V. 561 ff. preist Apolofanes den Donis als seinen Lehrer. E hielt es nun für angebracht auch den zweiten Schüler des Denis, Panopages, in das Lob seines Meisters einstimmen zu

---

1) Das Mystère de Saint Genis, seine Quelle und seine Interpolatoren. Inaug.-Dissertation von W. Mostert, Marburg 1894.

lassen und fügte infolgedessen nach V. 566 für Panopages 6 Verse mit dementsprechendem Inhalt ein.

V. 861 ff. empfiehlt Denis seinen Gefährten nach der Ankunft in Ägypten sich zurückzuziehen und noch etwas zu studieren. E streicht V. 862—63, die sich auf das Studieren beziehen und ersetzt sie durch ein paar nichtssagende Verse. Ausserdem fügt er am Rand noch für Panopages und Apolofanes je drei Verse hinzu.

V. 952 beginnt die Scene, in der Denis und seine Gefährten durch die Sonnenfinsternis zur Rückkehr nach Athen bewogen werden. Vor Eintritt der Sonnenfinsternis hat Denis mit seinen Gefährten ein langes Gespräch über die Macht der Götter, Entstehung von Welt und Menschen, in dem neben griechischen Mythen auch die Theorie der Seelenwanderung geschildert wird. Dieser Inhalt kam E wohl zu heidnisch vor, zudem schien ihm wohl auch die Scene weniger wichtig, da sie sich ja in ihren Hauptmotiven wiederholt, als Denis in Athen von den maistres de la loy um den Grund der Erscheinung befragt wird. Er lässt also durch sein Auslassungszeichen, das er an beiden Enden hinmalt, die ganze Scene wegfallen (V. 952—1297) und vermittelt den Anschluss der vorhergehenden an die folgende Scene, indem er von der vorhergehenden Scene den maistre Anthibon in die folgende, wo er nicht auftritt, hinübernimmt und für ihn erst nach V. 1318, dann nach V. 1331 je 8 Verse einschaltet. E lässt auch nach der folgenden, die Verse 1394—1588 umfassenden, Scene der tirans den maistre Anthibon nicht fallen, sondern vergrössert seine Rolle noch durch drei inhaltlich unbedeutende Einschaltungen: nach V. 1684 vier Verse, nach V. 1752 acht und nach V. 1970 sechs Verse.

Nach V. 2174 fügte E ferner auch für St. André, der ihm zu wenig in Aktion trat, 6 Verse ein, die St. Andrés Berufsfreudigkeit schildern.

Als Gegengewicht jedenfalls gegen die von ihm unterdrückte grosse Scene — es ist dies die grösste Streichung in dem uns überlieferten Mystère — schuf E völlig neu die Rollen der beiden pucelles, die im Gefolge der Mutter Jesu erscheinen und eine Lobhymne auf den Kreuzestod des Heilandes anstimmen. E fügte zuerst nach V. 2519 für beide je 6 Verse, dann nach V. 2593 noch je 4 Verse ein.

Eine weitere Neuschöpfung sind die von E eingefügten Rollen des Astarot und Cerberus[1]). Nach V. 3271 hat E für Astarot 4 und für Cerberus 2 Verse und zwar in Trioletform eingeschoben. Ferner fügt E noch zweimal, nach V. 3296 und V. 3348, für diese beiden Teufel je 4 und 2 Verse hinzu, die ebenfalls wieder in Trioletform abgefasst sind. Nach V. 3461 schreibt E, augenscheinlich zum besseren Abschluss der Scene, noch 6 Verse an den Rand und zwar für Cerberus, der als Hüter des Höllenthores dem die Hölle verlassenden Sathan noch gute Lehren auf den Weg giebt.

In dem nun beginnenden Martyrium St. Estiennes nimmt E durch seine Einschaltungen den Alexander, der erst später auftritt, in den Anfang des Martyriums und lässt ihn mitberaten über die Massregeln, die gegen Estienne zu ergreifen

---

[1]) Das Verzeichnis der in den mittelalterlichen Dramen auftretenden Teufel, das Jeanroy in der Einleitung zu den von ihm veröffentlichten ‚Mystères provençaux‘ gegeben hat, wird hier durch unseren Bearbeiter E um Cerberus, der auch bei Arnould Greban, in der Passion von Arras und anderen Mystères auftritt, vermehrt. cf. ‚Mystères provençaux du XV siècle, publiés par A. Jeanroy et H. Teulié. Einleitung, XXIII Anm. 2. Toulouse 1893.

sind. Dadurch erhält E auch Gelegenheit die Rolle des Annas zu vergrössern. Annas erhält nach V. 3603 zu seiner Rolle noch 16 Verse, Alexander 8.

V. 6540—47 streicht E aus und schreibt, Vers über Vers, seine Version, die denselben Gedanken wie bei A, nur etwas stärker ausdrückt, darüber. Bei A waren die Verse in Rondelform geschrieben, auch E behält diese Form bei.

Ferner korrigiert E ebenfalls durch Überschreiben die Verse 7623, 24 und 25.

Bei den Versen 7637, 39 und 40 bringt E, wieder durch die gleichartige Korrektur, insofern eine Änderung des Inhaltes hervor, als nach E die Marterwerkzeuge (chevaux de fust) schon vor der Folterkammer sich befinden, während man sie bei A durch die offene Thür noch drinnen stehen sieht.

Für den 2. tiran hat E nach V. 7658 sechs im Hinblick auf die folgenden Worte des 1. tiran unnötige Verse eingeflickt, in denen der 2. tiran dem prevost meldet, dass alles zur Marter bereit sei. Ebenso giebt E eine überflüssige, weil schon vorhandene, scenische Bemerkung an derselben Stelle.

V. 8091 endlich wurde wieder von E durchstrichen und durch einen anderen Vers ersetzt.

In der ganzen Thätigkeit von E ist das Streben erkennbar, die Rollen der Nebenpersonen zu vergrössern, selbst auf Kosten der der Hauptpersonen, wenn deren Beredsamkeit zu gross wird und durch Einfügung neuer Nebenrollen das Bild des Mystère bunter und bewegter zu gestalten.

Als nächster Korrektor ist G zu nennen. Er taucht nach V. 2394 (Scene der Marie und der Apostel) in der Handschrift auf und unterdrückt durch sein Auslassungszeichen die Verse 2395—2502, — es ist dies die zweitgrösste Streichung in unserem Mystère — in denen sich St. Pierre wieder einmal sehr ausführlich über die Passion Christi verbreitet. Aber keine Randbemerkung giebt uns Aufschluss über die Person des Korrektors und seine weitere Thätigkeit. In dem übrigen Teil unseres Fragments kommt sein eigenartiges Zeichen nicht wieder vor, doch ist wohl anzunehmen, dass er in dem verloren gegangenen Teil der Handschrift noch thätig gewesen ist.

Auch nur einmal thätig in unserem Mystère, wenn auch in entgegengesetztem Sinne, war der Korrektor B. Er fügte nach Vers 3625 am Rande 3 Verse für Cayphas hinzu, da er beim Überlesen bemerkte, dass dieser auf die Anrede des Annas nichts erwiderte.

Wieder ein anderer Korrektor ist H, der mit der kurzen Bemerkung: ‚n'est besoing d'escripre' die Verse 4153—4168 strich, die das von A offenbar mit Unrecht hierhergesetzte Bruchstück einer Scene zwischen 3 Pharisäern und Saulus enthalten. Es geht aus der Bemerkung H's hervor, dass er die Handschrift entweder selbst kopieren oder kopieren lassen wollte.

Nach H sah F unser Mystère durch und billigte die Streichung von H, indem er sie nach seiner Gewohnheit links einklammerte und ‚vacat' an den Rand schrieb. Beim Weiterlesen schaltete er dann auf dieselbe Weise die Verse 5259—5284 aus. Diese Verse enthalten ein kurzes Gebet des Denis und eine Unterredung mit seinen Gefährten. Denis fragt sie, ob sie Furcht vor den Martern hätten, worauf Rusticque etwas offen erwidert:

‚Ouy, ma foy,
car ceste chose est doubteuse'.

Dieser offenbare Mangel an Mut war jedenfalls F bei seinen

Helden anstössig und er unterdrückte infolgedessen die ganze Stelle.

Desgleichen klammerte F die Verse 6455—59, die von der Gefahr der Welt, des Fleisches und des Teufels handeln, ein und setzte dafür einen Vers zum Anschluss an V. 6454 hinzu.

Zwei weitere, kleine Streichungen von je zwei Versen betreffen die Verse 7824—25 und 7850—51.

Aus der V. 8392 beginnenden Rede des Denis streicht F fernerhin V. 8398—8411, in denen Denis den Kaiser und seine Regierung verflucht. Auch diese Äusserung war F wohl zu stark und er schrieb dafür 4 Verse an den Rand, in denen der Kaiser aus dem Spiel gelassen ist. Nach Korrektur des Verses 8397 schliesst er diesen an die Zusatzverse an. Diese Zusatzverse sind insofern von besonderem Interesse als sie nicht in abgesetzten Zeilen geschrieben sind.

Die letzte Streichung F's in unserem Mystère betrifft die Verse 8453—68, in denen Denis über den Glauben spricht. Hier hat F nichts hinzugesetzt, sondern den Anschluss an V. 8469 einfach dadurch hergestellt, dass er Vers 8452 durch V. 8468, den letzten der weggefallenen, korrigierte.

Man sieht aus den Streichungen, F hatte den guten Willen das Mystère zu kürzen, aber sein klerikales Gewissen liess ihn über verhältnismässig schwache Versuche nicht hinauskommen.

Überhaupt ist eine energisch bessernde Hand über das uns überlieferte Mystère nicht gekommen, trotzdem habe ich die einzelnen Bearbeiter genau charakterisiert, weil ihre Thätigkeit in dem uns verlorenen Teile des Mystère, der, wie ich glaube, die doppelte Grösse des erhaltenen hatte, sicher an Umfang und Bedeutung zugenommen hat.

Eine besondere Stellung unserer Handschrift gegenüber nehmen C und D ein.

In der Person von C haben wir höchstwahrscheinlich einen meneur du jeu vor uns, der unser Mystère als Handexemplar für eine Aufführung benutzte. Von seiner Hand rührt das auf der zweiten Seite stehende Rollenverzeichnis her, ebenso das hinter den Rollen angebrachte Verzeichnis der Mitwirkenden. C fügte ferner verschiedene scenische Bemerkungen in den Text ein, versuchte auch die auf Blatt 119 r⁰ vorhandene Lücke auszufüllen, indem er den ersten Vers des auf Blatt 120 r⁰ beginnenden Gebetes St. Estiennes auf die obere Hälfte der freien Seite schrieb und dazusetzte: ‚Avent ceste parleure on peut mettre dieu le pere ou apres que le dit st. Estienne aura parlé'. Doch die ganze Thätigkeit C's verrät die Eile. Er hätte sonst, als er bei V. 1394 die Bemerkung anbrachte: ‚entrent les tirans en ordre' unmöglich übersehen können, dass schon V. 864 und V. 1298 die gleiche, allerdings nicht dorthin gehörige, Bemerkung steht. C scheint auch im Besitze eines Ergänzungsheftes gewesen zu sein, aus dem er seine Bemerkungen übertrug. Diese Vermutung wird gestützt durch zahlreiche von C am Rande angebrachte Bemerkungen wie: ‚Addicion pour Rusticque', ‚Addicion pour les eschevins', oft auch nur ‚Addicion', ohne dass von diesen ‚Addicions' selbst etwas zu sehen ist. Den Schauspielern werden jedenfalls aus diesem Ergänzungsheft die ‚Addicions' zu ihren Rollen gegeben worden sein.

Jedenfalls nach Anfertigung des Manuscriptes schrieb D auf die erste Seite in ganz eigenartigem Duktus seine Devisen. Wen wir in der Person von D vor uns haben, ob nur den Besitzer der Handschrift oder gar den Autor selbst, der nach dem Brauch damaliger Dichter seine Devisen an die Spitze seines Werkes setzte, lässt sich mangels weiterer Kriterien nicht entscheiden.

## IV. Metrisches.

Die Sucht sich in metrischer Kunstfertigkeit gegenseitig zu überbieten, brachte die französischen Dichter, gegen Ende des Mittelalters vor allem, auf metrische Spielereien äusserlichster Art. Auch auf diesem Gebiete hat der Autor unseres Mystère genau die Kunstanschauungen vertreten, die er von seinen Vorgängern übernommen hatte.

Wie in allen anderen Mystères bilden auch in dem unsrigen paarweis reimende 8-Silbner den Grundstock der Arbeit. In diese 8-Silbner sind öfter (V. 353 ff., V. 617 ff., V. 767 ff., V. 975 ff., V. 1394 ff., V. 2060 ff., V. 4370 ff.), vor allem in gehobener Rede, lange Zehnsilbnerpartien eingeschoben. Auch eine lange Reihe 4-Silbner (V. 7924 ff.) mit eigenartiger Strophenbildung tritt in unserem Mystère auf.

Wohl um den Darstellern das Auswendiglernen zu erleichtern, ist, wie allgemein üblich, der Endvers jeder Rede mit dem Anfangsvers der folgenden gebunden.

Die Verspaare haben fast durchweg Vollreim. Ausnahmen, in denen Assonanz vorliegt, zeigen die Verse: 1384—85, 3222—23, 3744—45, 3858—59, 4766—67, 4874—75, 5068—69, 5224—25, 5264—65, 7453—54, 8231—32.

Äusserst zahlreich sind in unserem Mystère die reichen, leoninischen und equivoken Reime.

Fälle, in denen sich der Reim bis über die drei letzten Silben ausdehnt, sind zahlreich vorhanden: z. B. V. 80, 110,

119, 901, 1372, 1422, 1438, 1448, 1511, 1515, 1517, 2635, 3316, 3581, 3589, 3693, 3738, 3890, 4020, 4375 etc.

Oft reimen auch dieselben Worte miteinander; Beispiele, in denen diese Reimworte 3- und mehrsilbig sind, treten des öfteren auf: V. 291 mencion: —; V. 1279 machine: —; V. 1422 labille: —; V. 2152 mepristes: —; V. 2635 apreste: —; V. 3281 est prise: —; V. 3738 tournera: —; V. 5120 empire: —; V. 7048 les temples: —.

Besonders ins Auge fallende Beispiele equivoker Reime sind:  V.  25: infernal empire: mal empire
      V.  36: tempestatif: tempeste datif
      V. 1420: misericorde: misere y corde
      V. 1541: mirabilia: mire a bille y a
      V. 3452: les mauldissons: les maulditz sons
      V. 7652: bien scay Je: bien saige
      V. 8009: faire a flamber: faire flamber.

Im Anschluss an die equivoken Reime sind, weil aus diesen hervorgegangen, die sogenannten ‚grammatischen Reime' zu erwähnen, in denen die Reimworte mehrerer aufeinanderfolgender Verse wirklich oder scheinbar demselben Wortstamme angehören. In unserem Mystère dehnen sich diese ‚grammatischen Reime', von denen sich 10 Fälle konstatieren lassen, bis über 13 Zeilen aus.

    V. 1442—48 werden die Reimworte gebildet aus Formen von tendre.
    V. 1509—20 aus Formen von pendre.
    V. 3280—93 und V. 7115—22 aus Formen von prendre.
    V. 7123—29 aus Formen von batre.
    V. 7130—37 aus droit, seinem Adverbium und gleichlautenden Formen.

V. 7378—90 aus Formen von fier.

V. 7396—7409 aus Formen von mordre.

V. 7419—24 aus Formen von faire.

Auch der Interpolator E huldigt derartigen Reimspielereien. In den von E nach V. 3603 für Annas und Cayphas eingefügten Versen werden 9 Verse durch ‚grammatische Reime' gebunden, die aus Formen von mordre und gleichlautenden anderen gebildet sind.

Seine grösste Kunstfertigkeit aber sucht der Autor unseres Mystère in der Anwendung von Binnenreimen (rimes brisées) zu zeigen. Beispiele sind:

V. 3756: Qu'*il* y lai*rra* men*teau* et *chappe*
il cou*rra* bien *tost* s'il *eschappe*

V. 3768: et ne v*ient* on y pourv*oyra*
Com*ment* esbay se v*erra*

V. 4970: Et la mou*rut* villai*nement*
pen*du fut* verita*blement*

V. 6579: trou*ssez* me*ner les fault leans*
lier les fault de ces liens

In merkwürdigem Gegensatze zu den eben erwähnten Künsteleien stehen die auch vorkommenden, einfachen Vocalreime (rimes pauvres) Bsp.: V. 169, V. 3068, V. 3884, V. 3164, V. 3204, V. 6613.

Besondere Erwähnung verdienen noch die in 8 Beispielen vorhandenen ‚rimes normandes', die sich aus teils archaischer, teils dialektischer Aussprache erklären lassen. Ich führe sie an:

V. 61—62 | Lucifer : eschauffer.

V. 806—7 und V. 2188 | mer : aymer : presumer.

V. 6211—12, V. 7438 und V. 7696 | fer : eschauffer
: touffer : touffer.
V. 7919—20 und V. 8512 | cher : d'acier : eschapper.

Bei derartigen Künsteleien ist es unwahrscheinlich, dass die 10 reimlos gebliebenen Verse unseres Mystère vom Verfasser beabsichtigt worden seien. Sie sind wohl einfach durch Textverderbnis zu erklären, wenigstens steht in 8 Fällen dieser Annahme nichts im Wege. (V. 1249, 1322, 2854, 3224, 5349, 6716, 6902, 7896.)

Ich führe drei besonders markante Fälle an, indem ich jedesmal einen dem Inhalt entsprechenden Vers einfüge.

V. 2854 ff. ist von Judas die Rede, der, nachdem er den Heiland verraten hatte:

  cheut en desesperacion
  non pensant que dieu eust puissance
  de le Remetre en Innocence
  du peché qu'il avoit commis
  [car mes bons freres et amys]
  le vray psalmiste nous raconte
  que peché Qui a deuil et honte
  . . sera pardonné . . . . .

V. 3224 ff. sprechen die Teufel von der Aussendung der diacres, welche Macht haben:

  de convertir tout a la foy
  de christus le souverain Roy
  Et sont partiz pour cest affaire
  [car ils veulent aux dieux meffaire]
  Des loix de dieux et des ydolles
  disrent que ce sont choses folles . . .

V. 5349 ff. predigt Denis gegen die Götterbilder:

> helas! ne sont ymages fains?
> de leurs bouches soupirs ne plains
> ne font qui est chose contraire
> [ne ils ne peuvent rien parfaire]
> gardez sont ils deussent garder
> de yeulx ne peu[vent] regarder . . . .

Für die beiden letzten Beispiele (V. 6156 und V. 6195) fällt mir die Annahme schwer, dass die reimlosen Verse durch Textverderbnis entstanden seien. Beide Male ist die inhaltliche und syntaktische Beziehung der reimlosen zu den angrenzenden Versen eine so enge, — V. 6195 wirkt das enjambement verstärkend — dass man sich versucht fühlt, sie als absichtlich vom Dichter angebrachte „Waisen" anzusehen. Man urteile selbst:

V. 6154 ff. treiben sich die Pariser gegenseitig zur Arbeit an:

> Le 3e parisien.
> comment me veux tu corriger
> or te despesche de forger
> frappe tant que le fer est chault
> et tantost achevé auras
> Le 4e parisien.
> Vous me faictes rompre le braz.

V. 6192 mietet der geollier für Fescennin ein Zimmer im Gasthause:

> . . . . . . . detresse
> Le geollier.
> Or dictes en quelle chambre esse
> que monsieur se logera
> Lotesse.
> En laquelle qui luy plaira

> choisisse et preigne la plus belle
> qui vouldra pour se reposer
> .... disposer.

Aber auch in diesen Fällen lässt sich die Annahme, dass ein Vers ausgefallen sei, nicht unbedingt von der Hand weisen.

### Strophische Gebilde.

Von besonderem Interesse sind in unserem Mystère die strophischen Gebilde, die der Verfasser mit Vorliebe in Gebet- und Marterscenen verwandt hat.

Ich beginne mit den primitivsten, den Kettenreimen (rimes croisées) und den umschliessenden Reimen (rimes mêlées), die beide sehr zahlreich in unserem Mystère vertreten sind. Beispiele der ersten Art sind: V. 439 ff., 447, 468, 471, 474, 483, 487, 831, 3462, 4153, 4203, 4295 etc. Beispiele der zweiten Art: V. 369 ff., 867, 4215, 4231, 4295, 4549, 6042, 6054, 6655, 7201 etc.

Die von unserem Autor angewandten komplizierteren, strophischen Gebilde teile ich ein in:

a. Unverkettete Strophen.

b. Gebilde, die aus unverketteten und verketteten Gliedern bestehen.

c. Verkettete Strophen.

#### a.

1. Die Verse 439—62 zerfallen in drei Achtzeilerstrophen nach der Form:

> | ab ab bb cc |

2. Die Verse 865—924 bestehen aus sechs Zehnzeilerstrophen von ähnlicher Form wie die vorgehenden:

> | aab aab bb cc |

3. Die Verse 5896—5930 sind zusammengesetzt aus fünf Sechszeilerstrophen und einer abschliessenden Achtzeilerstrophe mit dem Silbenschema:

$a_4a_4b_5\ a_4a_4b_5\ |\ c_4c_4d_5\ c_4c_4d_5\ |\ e_4e_4f_4\ e_4e_4f_4\ |$
$g_4g_4h_4\ g_4g_4h_4\ |\ i_5i_5k_4\ \ldots\ ^1)\ |\ l_4l_4l_4m_5\ l_4l_4l_4m_5\ \|$

4. Das nächste Gebilde (V. 6636—46) besteht aus einer Sechszeile und einer Vierzeile, letztere nach der Form: | bccb |. Es hat das Silbenschema: 5 5 6, 5 5 6, 10 8 8 10.

5. In den Versen 6655—65 umschliessen zwei Dreizeilen eine Vierzeile. Das ganze hat die Form:

| aab | abba | baa |.

6. Die Verse 6951—71 zerfallen in einen Elfzeiler — aus einer Acht- und einer Dreizeile gebildet — nach der Form:

$a_8a_8a_5b_5\ b_8a_8a_5a_5\ |\ c_5c_5a_8\ \|$

und einen Zehnzeiler — aus einer Sechs- und Vierzeile gebildet — nach der Form:

$d_5d_5e_5\ e_8d_8d_5\ |\ d_5f_5f_8d_8\ \|$

7. Aus Sechssilbnern endlich besteht die Zwölfzeile (V. 7716—28), die durch viermalige Wiederholung der Dreizeile | aab | gebildet wird.

b.

1. Das die Verse 3421—50 umfassende Gebilde besteht aus einer zweistrophigen Sechszeilenkette mit drei darauffolgenden Sechszeilerstrophen. Es hat die Form:

| aab aab | bbc bbc | dde dde | ffg ffg | hhi hhi |

---

1) Es ist nicht anzunehmen, dass unser Autor, der es mit metrischen Künsteleien sehr genau nahm, die Harmonie dieses Gebildes selbst zerstört habe. Vielmehr hat der Kopist aus Unachtsamkeit die fehlende Halbstrophe ausgelassen. Vielleicht ist die Lücke noch grösser anzusetzen, und es fehlt hier noch ein dem ersten im Silbenschema korrespondierender Sechszeiler.

2. Dieselbe Form stellt sich noch (V. 4169 ff.) als ‚arbre fourchu' dar, gefolgt von einer nicht mit ihr verbundenen zweistrophigen Sechszeilenkette von demselben Silbenschema:

| $a_7$ $a_3$ $b_7$ $b_7$ $b_3$ $a_7$ | $c_7$ $c_3$ $d_7$ $c_7$ $c_3$ $d_7$ | $d_7$ $d_3$ $e_7$ $d_7$ $d_3$ $e_7$ |

3. Das folgende Gebilde (V. 353 ff.) ist in 10-Silbnern abgefasst. Es besteht aus drei Zehnzeilerstrophen nach der Form:

| aab aab bccb | ddc dde effe | ggh ggh hiih |

an die sich noch eine gewöhnliche, zweistrophige Sechszeilenkette anschliesst.

4. Die Verse 467—90 setzen sich aus drei Achtzeilerstrophen zusammen, von denen jede aus einer zweistrophigen Vierzeilenkette besteht nach der Form:

| ab ab | bc bc | de de | ef ef | gh gh | hi hi |

5. Ein dreimal wechselndes Silbenschema zeichnet das die Verse 3623—58 umfassende Gebilde aus. Es zerfällt in zwei Zwölfzeiler- und zwei Sechszeilerstrophen. Jeder Zwölfzeiler besteht aus einer zweistrophigen Sechszeilenkette nach der Form:

| $a_5$ $a_5$ $b_{10}$ $a_5$ $a_5$ $b_{10}$ | und | $d_8$ $d_4$ $e_8$ $d_8$ $d_4$ $e_8$ |

Der erste der folgenden Sechszeiler hat das Silbenschema der eben erwähnten zweiten Sechszeile, also 8, 4, 8; 8, 4, 8; der zweite ist einreimig und hat das Silbenschema 7, 3, 7; 7, 3, 7.

6. Die Verse 4267—90 bestehen aus einem Sechszeiler von der Form:

| $a_7$ $a_3$ $b_7$ $a_7$ $a_3$ $b_7$ |

Darauf folgt eine zweistrophige Sechszeilenkette von derselben Form und den Schluss macht ein Sechszeiler mit besonderem Silbenschema, also:

$$c_7 c_3 d_7 \ c_7 c_3 d_7 \mid d_7 d_3 e_7 \ d_7 d_3 e_7 \mid f_4 f_4 g_8 \ f_4 f_4 g_8$$

7. Verwandt mit dem eben erwähnten ist das Gebilde V. 5259 ff. Es besteht aus zwei Zwölfzeilern, von denen sich jeder aus einer zweistrophigen Sechszeilenkette zusammensetzt. Der erste Zwölfzeiler hat die Form:

$$\mid a_7 \ a_3 \ b_7 \ a_7 \ a_3 \ b_7 \mid b_7 \ b_3 \ c_7 \ b_7 \ b_3 \ c_7 \mid$$

der zweite Zwölfzeiler mit abweichendem Schluss lautet:

$$\mid d_7 \ d_3 \ e_7 \ d_7 \ d_3 \ e_7 \mid e_7 \ e_3 \ d_7 \ d_7 \ d_3 \ e_7 \mid$$

8. In den Versen 7107—38 beginnt das strophische Gebilde mit zwei Achtzeilern nach der Form:

$$\mid a_4 \ a_4 \ a_8 \ b_8 \ a_4 \ a_4 \ a_8 \ b_8 \mid c_4 \ c_4 \ c_8 \ d_8 \ c_4 \ c_4 \ c_8 \ d_8 \mid$$

auf die eine zweistrophige Achtzeilenkette mit demselben Silbenschema, aber anderem Reimschema folgt, nämlich:

$$e \ e \ e f \ e \ e \ e f \mid o \ o \ e g \ o \ o \ e g \mid$$

9. Das nächste Gebilde ist das umfangreichste in dem uns erhaltenen Mystère. Es umfasst die Verse 7165—7416 und zerfällt in drei Teile. Der erste reicht von V. 7165—7200 und besteht aus einem Zwölfzeiler — gebildet aus einer zweistrophigen Sechszeilenkette — mit darauffolgender dreistrophiger Sechszeilenkette und abschliessendem Sechszeiler, alle nach der Form:

$$\mid a_8 \ a_4 \ b_8 \ a_8 \ a_4 \ b_8 \mid$$

Der nun folgende Hauptteil des Gebildes erstreckt sich von V. 7201—7372. Er beginnt mit einem Siebenzeiler nach der Form: $a_4 \ a_4 \ a_4 \ a_4 \ b_8 \ b_8 \ a_8$, auf diesen folgt ein Sechszeiler in gewöhnlicher Form und dem Silbenschema: 4, 4, 8, 4, 4, 8; Die nun folgenden Verse 7214—7360 sind Viersilbner. Zu-

erst treten unter ihnen zwei Achtzeiler nach der Form
| cccd cccd | auf, die zwischen sich einen Sechszeiler haben.
Daran schliesst sich eine zweistrophige Sechszeilenkette. Ein
Sechszeiler leitet dann über zu einer vierstrophigen Kette,
die aus zwei Sechszeilen, einer Acht- und einer Zehnzeile
besteht, nach der Form:
oef oef | ggf ggf | fffh fffh | fffi fffi |
Dann folgen wie oben zwei Achtzeiler, die auch wie oben
einen Sechszeiler zwischen sich haben. An diese gliedern
sich zwei Achtzeiler von einer neuen Form, nämlich:
| kkkl mmml |, die zwischen sich drei Achtzeiler von der
alten Form (s. o. | cccd cccd |) haben, und daran angeschlossen findet sich noch je ein Achtzeiler von der
neuen und von der alten Form.

Den Schluss dieses Teiles endlich bildet ein Zwölfzeiler
nach der Form:
| $n_8 n_4 n_8 n_4 n_8 o_8$ $n_8 n_4 n_8 n_4 n_8 o_8$ |
Der letzte Teil des Gebildes umfasst die Verse 7373—7416.
Es sind Achtsilbner. Eine dreistrophige Kette beginnt. Die
ersten beiden Strophen sind Sechszeiler, (aab aab | bbc bbc)
die letzte eine Elfzeile von der Form: | cdd dede offg |.
Daran schliesst sich die zweistrophige Sechszeilenkette:
| ggh ggh | hhi hhi | und den Schluss des ganzen Gebildes
macht die zweistrophige Vierzeilenkette: | kl kl | lm lm |.

c.

1. Unser Mystère beginnt mit einer vierzehnstrophigen
Sechszeilenkette nach der Form:
(V. 1—84)         | aab aab |
Diese Form hat unser Autor oft angewandt. V. 555—67 ist

die Kette zweistrophig; V. 4310—58 achtstrophig; V. 5491 bis 5503 wieder zweistrophig; V. 6052—64 und 6560—72 wieder zweistrophig; V. 8011—53 siebenstrophig. Durch besonderes Silbenschema ausgezeichnet ist die vierstrophige Kette: V. 7934—58. Sie lautet:

| $a_6a_6b_5$ $a_6a_6b_5$ | $b_5b_5c_5$ $b_5b_5c_5$ | $c_5c_5d_6$ $c_5c_5d_6$ | $d_6d_6e_6$ $d_6d_6e_6$ ||

2. V. 94 beginnt eine vierstrophige Sechszeilenkette, die sich fortsetzt in einer fünfstrophigen Siebenzeilenkette von der Form

| of eff gg | (bis V. 153)

Die Verse sind 10-Silbner.

3. Die Verse 5316—50 bestehen aus einer fünfstrophigen Sechszeilenkette nach der Form:

| aaab aa |

mit der abschliessenden Vierzeile | fffg |.

4. Verwandt mit der obenerwähnten Kette ist die fünfstrophige Vierzeilenkette nach der Form:

| aab a | (V. 5681—5701)

Von den eben beschriebenen strophischen Gebilden leitet die in unserem Mystère auftretende Ballade hinüber zu den Rondels. Sie umfasst die Verse 407—39 und ist vierstrophig. Jede Strophe hat die Form:

| ab ab bc bC |.

## Rondels.

Die Form des Rondels war, nach ihrer häufigen Verwendung zu schliessen, dem Verfasser unseres Mystère am vertrautesten. Nicht weniger als 40 Rondels von verschiedener Zeilenzahl sind in unserem Mystère zu erkennen.

Das einfachste Rondel hat ursprünglich wohl nur aus

6 Zeilen bestanden[1]). Erst später wurde es achtzeilig, indem der Refrain auch am Anfang gesungen wurde. In der Zeit jedoch, der unser Mystère entstammt, ist das einfachste Rondel schon achtzeilig gewesen, und es sind daher die beiden in unserm Mystère vorkommenden sechszeiligen Rondels durch Textverderbnis zu erklären.

Das erste (V. 1559 ff.) steht als vollständiges, achtzeiliges Rondel im Manuscript, doch hat der Schreiber nachträglich den Anfangsrefrain ausgestrichen, weil er, wie ich glaube, die Rondelform nicht kannte und sich in der oben charakterisierten Weise verschrieben zu haben glaubte.

Das zweite Rondel (V. 6710 ff.) ist sechszeilig nach der Form: ABaAa×B. Es fehlt also hier die Nachbildung der zweiten Refrainzeile und die darauf folgende Wiederholung der ersten. Auch hier liegt sicherlich Textverderbnis vor. Auf dieselbe Weise ist auch, meiner Meinung nach, das 7zeilige Rondel zu erklären, das (V. 8368 ff.) in folgender Form überliefert ist: ABaA×bAB. Hier hat der Copist aus Unachtsamkeit die Nachbildung der ersten Refrainzeile ausgelassen.

Am häufigsten — 32 an der Zahl[2]) — sind in unserem Mystère die achtzeiligen Rondels nach dem Schema:

AB a A ab AB.

---

[1] Vergleiche die darauf bezügliche Darlegung von Ed. Stengel im „Kritischen Jahresbericht über die Fortschritte der romanischen Philologie", herausgegeben v. K. Vollmöller und R. Otto. 1896 Heft 2.

[2] Sie stehen: V. 609 ff.; V. 1394 ff.; V. 1585 ff.; V. 2690 ff.; V. 3191 ff.; V. 3270 ff.; V. 3295 ff.; V. 3346 ff.; V. 3357 ff.; V. 3512 ff.; V. 3520 ff.; V. 3530 ff.; V. 3562 ff.; V. 3596 ff.; V. 3656 ff.; V. 3815 ff.; V. 3940 ff.; V. 3996 ff.; V. 4003 ff.; V. 5117 ff.; V. 5245 ff.; V. 5596 ff.; V. 6325 ff.; V. 6540 ff.; V. 7140 ff.; V. 7155 ff.; V. 7659 ff.; V. 7898 ff.; V. 8003 ff.; 8258 ff.; V. 8314 ff.; V. 8322 ff.

Zwei davon haben besonderes Silbenschema. Das erste (V. 3656 ff.) besteht aus 4-Silbnern, das zweite (V. 3996 ff.), eine Spielerei des Verfassers, ist nur sechszehnsilbig. Es lautet: Devant | troussez | avant devant | A tant passez | devant | troussez.

Endlich sind noch 5 Rondels von besonderer Zeilenzahl zu erwähnen. Das erste (V. 791 ff.) ist ein erweitertes elfzeiliges. Es besteht aus 15 Zehnsilbnern nach der Form:

$$A^1 A^2 B\, a^1 A^1 a^1 a^2\, A^1 A^2 a^1 a^2 b\, A^1 A^2 B$$

d. h.: Dreizeiliger Refrain, Nachbildung und Wiederholung der ersten Refrainzeile, Nachbildung und Wiederholung der zwei ersten Refrainzeilen und Nachbildung und Wiederholung des ganzen Refrains.

Die vier übrigen sind regelmässige 21 zeilige von gleichem Reimschema. Das erste[1]) (V. 499 ff.) wie das dritte (V. 2660 ff.) besteht aus 10-Silbnern, das zweite (V. 1462 ff.) aus 8-Silbnern und das vierte (V. 6972 ff.) hat das Silbenschema;

$$A^1_5\, A^2_5\, B^1_5\, B^2_8\, A^3_8\, a^1_5\, a^2_5\, b^1_5\, A^1_5\, A^2_5\, B^1_5$$
$$a^1_5\, a^2_5\, b^1_5\, b^2_8\, a^3_8\, A^1_5\, A^2_5\, B^1_5\, B^2_8\, A^3_8.$$

Alle vier zeigen also: Fünfzeiligen Refrain, Nachbildung und Wiederholung der drei ersten Refrainzeilen, Nachbildung und Wiederholung des ganzen Refrains. —

Wenn, wie wir eben sahen, schon unser Fragment so reich an metrischen Künsteleien ist, dann ist zu vermuten, dass das vollständige Mystère, das die dreifache Grösse des überlieferten hatte, in Bezug auf Reimkünstelei selbst A. Grebans ‚Passion‘, die in dieser Hinsicht bisher den ersten Rang einnahm, übertroffen hat.

---

1) In diesem Rondel (V. 499 ff.) hat der Copist aus Versehen die vierte Zeile des Eingangsrefrains weggelassen.

## V. Analyse.

V. 1—352. Die Überschrift unseres Mystère: ‚Premiere Journee du mistaire Sainct denis Et commance Lucifer' führt sofort in die erste Scene des Stückes ein. Sie spielt in der Hölle. Lucifer versammelt seine Teufel um sich. Schreiend und schimpfend erscheinen nach einander: Sathan, Bellezebuth, Berit, Leviathan. Lucifer verkündet ihnen, dass der Hölle durch Christi Thätigkeit Gefahr drohe und berichtet zur Begründung, dáss er Jesum dreimal vergeblich versucht habe. Bellezebuth, Berit und Leviathan erzählen ihrerseits, dass Christus sie aus ihren Opfern ausgetrieben habe. Lucifer beschliesst nun einen Teufel zur Kundschaft auf die Erde zu schicken. Sathan wird hierzu bestimmt, doch er weigert sich, da er immer mit Undank belohnt werde. Es wird ihm deshalb versprochen, er solle fortan monseigneur genannt werden und an der Tafel zuerst sitzen. Nun erklärt sich Sathan bereit und die Teufel geben ihm ein Höllenkonzert zum Abschied.

V. 353—864. Die Scene wechselt, wir sind in Athen. Denis und seine Gefährten treten auf und preisen ihre Götter: Denis den Mars, Panopages den Pan, Apolofanes den Apollo. Darauf opfern sie ihnen unter Gebeten und beschliessen nach Ägypten zu wandern, um in den dortigen Schulen philosophische Vorträge zu halten. Sie machen sich auch sofort auf den Weg. Zur Kurzweil beginnen sie ein philosophisches Gespräch, das vom Gott der Natur zur epikuräischen und stoischen Philosophie und weiter zu den römischen Königen überspringt. Nach abermaligem Preis ihrer Götter gehen sie dann ab, um sich auszuruhen.

V. 865—951. In der nun folgenden Zwischenscene rühmen Gobin, Anthibon und noch ein maistre de la loy athenienne die Weisheit ihres grand docteur Denis und erwarten seine baldige Rückkehr von der Reise.

V. 952—1297. Nach kurzer Rast nehmen Denis und seine Gefährten die Disputation wieder auf. Sie behandelt folgende Hauptmotive: Verteilung der 4 Elemente: Feuer, Wasser, Luft und Erde im All, Erschaffung des Menschen, Mythen von Prometheus, Deukalion und Pyrrha, Seelenwanderung, Schöpfung der 7 Himmel nach der Siebenzahl der Planeten. Plötzlich beginnt die Sonnenfinsternis. Nachdem sich die Reisenden vom ersten Schrecken erholt haben, steht bei ihnen sofort der Entschluss fest nach Athen zurückzukehren und dort über den Grund der Erscheinung sich klar zu werden.

V. 1298—1355. Auch in Athen hat die Sonnenfinsternis unter den maistres de la loy Bestürzung hervorgerufen, und sie beschliessen Denis nach seiner Rückkehr um Rat zu fragen.

V. 1356-93. Diesen sieht man denn auch, nachdem die Sonnenfinsternis vorüber ist, auf dem Wege nach Athen, begleitet von den Verwünschungen Sathans.

V. 1394—1558. Um die Pause bis zur Ankunft des Denis in Athen auszufüllen, hat der Verfasser eine für den Verlauf der Handlung völlig unwichtige Scene der tirans eingeschoben, die damit endet, dass sie alle zum Trinken gehen.

V. 1559—2059. Denis wird gleich bei seiner Ankunft in Athen von den besorgten maistres de la loy nach der Ursache des Naturereignisses gefragt. Es entsteht eine längere Disputation mit folgendem Gedankengang: Die Sonnenfinsternis kann aus verschiedenen Gründen nicht naturgemäss sein — Hauptgrund: eine naturgemässe Sonnenfinsternis dauert nicht 3 Stunden und ist nicht total — sie hat also einen anderen Grund: der Gott der Natur leidet. Da aber sein Leiden mit seiner Allmacht unvereinbar ist, muss es ein höheres Wesen geben, das Macht hat über den deus naturae. Dies ist der ‚unbekannte Gott'. Ihm wird auf Rat des Denis ein Altar errichtet mit der griechischen, lateinischen und hebräischen Inschrift: ‚Dem unbekannten Gott'.

‚Pause et doit on chanter cependant que l'autel du dieu inconnu se levera'.

Nachdem hierauf Denis noch verkündet hat, dass dieser Gott durch Gebet, nicht durch Opfer zu verehren sei, flehen Denis, Apolofanos und Panopages den ‚unbekannten Gott' um seine Gnade an. Dann befiehlt Denis den anderen sich zum Gebet in ihre Häuser zu begeben und mit dem Vermerk: ‚et cependant on chantera en paradios virgo dei genitrix' schliesst die Scene.

V. 2060—2730. Der Gesang dieses Liedes leitet über zur nächsten Scene, in der Maria unter den Aposteln erscheint. Sie fordert die Apostel auf, den Heiden das Evangelium zu predigen und giebt ihnen das letzte Vermächtnis des Herrn, das er ihr vom Kreuz herab vertraut, die Geschichte der sainte Incarnacion mit auf den Weg. Darauf predigt St. Pierre über das Thema: ‚Und er war gehorsam bis zum Tode, ja bis zum Tode am Kreuz' und nachdem die Apostel alle ihre Bereitwilligkeit, für Jesus zu leiden, beteuert haben, werden sie von Maria entlassen. Auch hier wieder macht Sathan, der die Scene mit angehört hat, am Schluss seinen Zorn in Verwünschungen Luft.

‚Icy se fait le disner'.

V. 2731—3204. Der zweite Teil der journée beginnt mit der Wahl der diacres. St. Pierre mahnt die Apostel zur Busse, alle bekennen sich sündig und bitten Pierre um Beistand. Pierre verheisst ihnen die Gnade Christi, die immer den Reuigen zu Teil werde. Darauf befiehlt er Lucas, die Wahl der 7 diacres, die das Martyrium erleiden sollen, vorzunehmen. ‚Sans autre choix' werden bestimmt: Estienne, Philippe, Prothoise, Thimon, Premanon, Nychanoire und Nycolas. Alle erklären sich mit ihrer Wahl einverstanden. Lucas teilt S. Pierre das Ergebnis der Wahl mit und dieser predigt den Erwählten die Transsubstantiationslehre. Dann segnet er Estienne, den ersten Märtyrer, bevor dieser sich auf den Weg nach Jerusalem begiebt.

V. 3205—3461. Sathan bringt die Nachricht von dem Geschehenen in die Hölle. Fluchend ruft Lucifer die Teufel zusammen, und alle machen Sathan bittere Vorwürfe wegen seiner Unthätigkeit. Dieser klagt, dass er ja immer mit Undank belohnt werde und wird deshalb mit glühenden Zangen gezwickt. Dann giebt ihm Lucifer neue Aufträge: zuerst soll er Estienne in Jerusalem verderben und dann nach Rom gehen um Nero gegen St. Pierre aufzuhetzen. Sathan weigert sich zuerst, macht sich aber dann doch ans Werk, ausgerüstet mit dem Segen Lucifers.

V. 3462—4309. Indessen ist Estienne in Jerusalem angekommen und beginnt vor den Pharisäern eine Predigt über das Leiden und die Auferstehung Christi. Wütend laufen diese zu Caiphas und melden das Auftreten des ‚fol prescheur'. Doch Caiphas will nichts allein unternehmen und schickt sie zu Annas. Nachdem beide zusammengekommen sind, wird ein Rat abgehalten und beschlossen Estienne zu verhaften.

Bald bringen Alexander und die Pharisäer Estienne vor den Stuhl der Richter, und es entspinnt sich ein Streit über die von Estienne gepredigte unbefleckte Empfängnis. Die Disputation wird durch den Beschluss der Richter Zeugen gegen Estienne aufzustellen, beendet. Darauf wird Estienne in den Kerker geworfen. Hier erscheint Gott-Vater und Christus im Kreis der Engel, die darauf von Christus abgesandt werden Estienne zu verkünden, dass er wohl am nächsten Tage durch falsche Zeugen zu Tode gebracht werden, dann aber ewiges Heil erwerben würde.

V. 4310—4548. Nach der nun folgenden grossen Lücke eröffnet die Scene zwischen den neugewählten eschevins von Paris das Martyrium des heiligen Denis. Die eschevins unterhalten sich über die drohende Christengefahr, besonders über die letzten Ereignisse in Rom, die Hinrichtung St. Pauls und St. Pierres und beschliessen jeden Prediger des neuen Glaubens unerbittlich zu töten.

V. 4549—4622. Die eigentliche 6. journée unseres Mystère beginnt damit, dass der Kaiser Domitien durch seinen messagier den Bewohnern Roms befiehlt den Göttern ein allgemeines Opfer darzubringen.

V. 4623—4668. Darauf wechselt der Schauplatz, und wir sehen Denis mit seinen Gefährten in Frankreich einziehen. Beim Überschreiten der Grenze weist Denis dreien seiner Gefährten ihre Missionsgebiete an, er selbst bricht mit Rusticque und Eleuthère nach Paris auf.

V. 4669—5258. Hier beginnt er seine Thätigkeit mit einer Predigt gegen die falschen Götter. Eiligst melden die Pariser den eschevins die Ankunft des Denis. Der erste von diesen begiebt sich zu Denis um ihn über die neue Lehre auszufragen. In sehr entschiedenen Worten predigt Denis den neuen Glauben und erzählt, um die Sendung Christi zu begründen, den ganzen Sündenfall. Darauf ziehen sich die Pariser zurück um Rat zu halten. Im conceil wird die Verhaftung des Denis und seiner Gefährten beschlossen.

V. 5259—5488. Unterdessen hat sich Lubie, ein Bürger von Paris, zu Denis begeben, um die neue Lehre kennen zu lernen. Es gelingt der Predigt des Denis Lubie zu bekehren. Aber noch ist ihm die Lehre von der Dreeinigkeit unverständlich. Nachdem auch in diesem Punkte Denis Lubios Zweifel zerstreut hat, lässt sich Lubie taufen, als erster französischer Christ.

V. 5489—5681. Es erscheinen nun die Pariser, um Denis gefangen zu nehmen, doch eine unsichtbare Macht hindert sie plötzlich ihre Glieder zu gebrauchen und sie laufen, als sie wieder zu sich gekommen sind, davon, um den eschevins ihr Erlebnis zu berichten. Doch sie erhalten von diesen keinen Glauben, sondern nur bittere Vorwürfe. In neuer Beratung wird beschlossen den Kaiser um Hülfe anzugehen.

V. 5682—5762. In Rom hat Domitien seine conseillers und prevosts um sich versammelt, klagt ihnen die Bedrohung der Götter durch die Christen und beschliesst in den einzelnen Provinzen prevosts einzusetzen, um energischer gegen die Christen vorgehen zu können. Fescennin erklärt sich zur Übernahme eines solchen Amtes bereit. Doch vorerst soll noch das Opfer dargebracht werden und der mossagier geht dem prebstre de la loy zu melden, dass der Kaiser in in den Tempel komme.

V. 5763—5833. Unterdessen sieht man Denis und seine Gefährten predigend weiter in Paris vordringen.

V. 5834—5876. Auch die Teufel sind nicht müssig. Lucifer schickt wieder Sathan aus, dem Kaiser die Nachricht zu bringen, dass Denis ganz Frankreich bekehre.

5877—6001. Wie Sathan die Botschaft überbringt, ist uns im Manuscript nicht überliefert. Der Kaiser weiss, nachdem er sein Gebet im Tempel verrichtet hat, auf einmal, dass Denis in Frankreich den neuen Glauben predigt und schickt Fescennin dahin ab Denis zu töten.

V. 6002—6103. Eine kurze Unterhaltung zweier Pariser über das Zimmermannshandwerk und eine Predigt des Denis über das Thema, dass nur der Reuige Gnade finde, gehen der Ankunft Fescennins in Paris voraus.

V. 6104—6379. Fescennin kommt vor Paris an und schickt den geollier mit dem Auftrag in die Stadt im Gasthaus ein Zimmer für ihn zu mieten. Während dann der geollier den Fescennin zum Gasthaus führt, macht ein Pariser dem anderen Vorwürfe, dass er den ganzen Tag im Wirtshaus sitze. Fescennin wird hierauf im Gasthaus empfangen und nachdem er ein Mahl eingenommen, fragt er die Wirtsleute aus, was sie von dem neuen Prediger wüssten. Die Wirtin erzählt, dass sie von der Anwesenheit eines solchen Predigers gehört habe und nun lässt Ferconnin die eschevins herbeirufen. Während sich diese zu Fescennin begeben, betrachten die tirans die Stadt und gehen dann zum Trinken.

„Icy se fait le disner'.

V. 6380—6499. Die eschevins tragen nun Fesconnin den Fall vor und beraten dann mit ihm, was zu thun sei. Denis kündigt seinen Gefährten an, dass die Marter bevorstehe und bekämpft ihre Furcht durch den Hinweis auf den ewigen Lohn. Im Rat beschliessen Fescennin und die eschevins Denis und seine Gefährten zu verhaften.

V. 6500 - 6539. Denis benutzt die letzte Stunde der Freiheit, um nochmals eindringlichst den Parisern das Wort Gottes zu predigen.

V. 6540—6745. Nun treffen ihn die ausgesandten tirans, fragen ihn, ob er Denis sei, der das Gesetz umstürzen wolle, und als er es bejaht, führen sie ihn gefangen vor Fescennins Richterstuhl. Von Fescennin befragt, weshalb er gegen die alten Götter predige, verflucht Denis die Götter der Heiden und wird deshalb samt seinen Gefährten geprügelt und in den Kerker geworfen.

V. 6746—6993. Unterdessen hat Lubie seiner Frau Larcie mitgeteilt, dass er getauft sei. Sie erklärt ihm unter Verwünschungen, dass sie ihn bei dem Rate anzeigen werde. Sie führt auch sofort ihren Entschluss aus. Fescennin befiehlt Lubie herbeizuholen und als dieser sich zum neuen Glauben bekennt, wird ihm der Kopf abgeschlagen. Die tirans zeigen Fescennin den abgehauenen Kopf und verlangen weitere Arbeit.

V. 6994—7567. Darauf holen sie den Denis aus dem Kerker, und als er der Aufforderung Fescennins zu widerrufen, nicht nachkommt, wird er von den tirans unter rohen Witzen bis aufs Blut gegeisselt. Denis tröstet sich mit Christus, der das gleiche Schicksal hatte. Da diese Züchtigung nichts hilft, so befiehlt Fescennin die Märtyrer völlig nackt wieder in den Kerker zu werfen und mit glühenden Ketten zu fesseln. Gewissenhaft wird der Befehl von den

tirans und dem geollier ausgeführt. Im Kerker fleht Denis
Jesus um Stärkung an.

V. 7568 - 8095. Fescennin versammelt nun die esche-
vins um sich und hält Rat, wie weiter zu verfahren sei. Die
eschevins schlagen eine neue Marter vor. Die Delinquenten
sollen auf bereitgehaltene chevaux de fust, die einen ge-
schärften Rücken haben, gesetzt werden, in der Erwartung
‚que le doz du cheval leur fendra le ventre'. Die chevaux
werden herbeigeholt, ebenso die contrepoix, welche den Mär-
tyrern an die Füsse gehangen werden sollen, um den Druck
des Körpers zu vergrössern. Bevor die Marter beginnt, for-
dert Fescennin den Denis und seine Gefährten nochmals auf
zum alten Glauben zurückzukehren. Sie bleiben standhaft.
Die Marter beginnt. Denis und seine Gefährten beten zu
Gott. Um die Qual der Unglücklichen zu vergrössern, wer-
den sie noch mit Ruten gepeitscht und von den tirans ver-
höhnt. Die Marter hat den Erfolg, dass Denis und seine
Gefährten nur um so fester bei ihrem Glauben beharren. In-
folgedessen werden sie von den chevaux gehoben und es
wird ihnen eine neue Marter bereitet.

V. 8096—8519. Auf Befehl Fescennins wird von den
Parisern ein gril de fer gegen gute Bezahlung angefertigt.
Keuchend unter der Last schleppen die tirans das schwere
Instrument herbei. Der gril wird aufgestellt und ein bon feu
darunter angezündet. Darauf wird Denis auf den gril gelegt,
und die tirans schüren das Feuer, von Fescennin zu immer
grösserer Anstrengung ermuntert. Höhnend fragt Fescennin
den Denis, ob ihn auch sein Christus genügend tröste. Denis
beklagt die Verblendung Fescennins und malt ihm die Qual
aus, die seiner nach dem Tode im höllischen Feuer warte.

Die eschevins sind erstaunt darüber, dass Denis die Marter aushält und erklären ihn für einen Zauberer.

V. 8520—8577. Wütend darüber, dass auch diese Marter erfolglos ist, begiebt sich Fescennin wieder zu seinem Richterstuhl, gefolgt von den eschevins. Diese raten ihm nun Denis den wilden Tieren vorzuwerfen. Fescennin lässt auch sofort den Denis von dem gril nehmen und giebt den Befehl ihn und seine Gefährten in den Käfig der wilden Tiere zu bringen.

Hier bricht unser Manuscript ab.

## VI. Vergleich der beiden dramatischen Versionen der Legende des heiligen Denis unter besonderer Hervorhebung ihrer wörtlichen Übereinstimmungen.

Das Leben und Leiden des heiligen Denis scheint von mittelalterlichen Schriftstellern mit Vorliebe dargestellt worden zu sein[1]). Auf der Pariser Nationalbibliothek sind uns — ausser dem vorliegenden — noch 13 Manuscripte[2]) überliefert, die zum Teil in recht ausführlicher Darstellung das Leben des heiligen Denis[3]) behandeln. Sie sind bis auf eines

---

1) Beim Betreten des Pantheons in Paris erblickt heute der Beschauer zuerst ein grosses Wandgemälde, das den heiligen Denis darstellt, wie er vor den Thoren von Paris den Armen das Evangelium predigt.

2) Es sind dies die Nummern: Mss. fr. 1741; 2090; 2091—92; 2453; 2459; 2464; 5868; 5869; 13502; 19186; 19530; 24433; 24948.

3) Das lateinische Manuscript 2091—92 hat die Form Dionysius, die Manuscripte 2464; 19530 die davon abgeleitete französische Form Dyonise. Am meisten gebraucht wird die Form Denis oder Denys. Unter „Denis premier apôtre de France" und „Denys, l'aréopagite, évêque d'Athènes" wurden ursprünglich zwei verschiedene Personen verstanden. Doch das Mittelalter hat zuerst beide Personen verwechselt,

(Man. fr. 2091—92) in französischer Sprache, zum Teil auf Pergament geschrieben und mit kunstvollen Initialen und oft sehr kostbaren Abbildungen ausgeschmückt[1]).

Bei näherer Betrachtung dieser Manuscripte zeigt sich aber zunächst, dass der auf Denis bezügliche Inhalt des Manuscriptes 19186 wörtlich wiederkehrt im Ms. 24433. In beiden Handschriften wird in 18 vierzeiligen, einreimigen Strophen, von denen jede mit ‚monseigneur St. Denis' anfängt, besonders das Martyrium des Heiligen geschildert. Ebenfalls inhaltlich untereinander identisch sind ferner die Prosamanuscripte No. 5868; 5869; 24548, die in grossen Zügen das Leben des heiligen Denis von seiner Bekehrung durch St. Paul bis zu seiner Enthauptung und Bestattung vor Paris wiedergeben. Ganz ausführlich berichten das Leben und Leiden unseres Heiligen die ebenfalls wörtlich übereinstimmenden Prosamanuscripte No. 2464; 13502; 19530. Ein Unterschied zwischen diesen Manuscripten ist nur bedingt durch die grössere oder geringere Schönheit der Abbildungen und der Schrift. Inhaltlich selbstständig sind die übrigen fünf Manuscripte. Ms. fr. 1741, ein dünnes, defektes Heft mit sehr undeutlicher Schrift, stellt in paarweis reimenden 8-Silbnern das Leben des Denis dar. Ms. fr. 2090 behandelt in prosaischer Form hauptsächlich die Werke, die Denis geschrieben haben soll, während Ms. fr. 2091—92 wieder den Verlauf des Lebens darstellt, jedoch in lateinischer Prosa.

---

dann in eine verschmolzen, wie auch unser Mystère und seine Quelle zeigen.

In Bezug auf die übrigen Märtyrer gleichen Namens vergl.: Akta Sanktorum Oktob. IV, 696—792, append. I—II, 797—802; 802—55. Oktob. IV, 865—925, append. I—II, 930—51; 951—87.

1) Wegen ihrer Kostbarkeit sind bemerkenswert die Manuscripte No. 2090, 2091—92, 5868, 5869.

Im Ms. fr. 2453 sollte von Blatt 261 an im Anschluss an die ‚Passion de nostre Seigneur' eine ‚cronique de saint Denys, pasteur de France' beginnen, doch bricht nach der eben erwähnten Überschrift das Manuscript ab. Ms. fr. 2457 endlich enthält einen ‚Sermon du glorieux amy de dieu et apostre de France Monseignour St. Denis' in ziemlich flüchtiger Schrift.

Den verhältnismässig zahlreichen erzählenden Darstellungen unseres Stoffes stehen nur zwei dramatische Versionen gegenüber und auch diese beiden wird man nicht, wie es bisher geschah, als zwei von einander unabhängige Schöpfungen ansehen dürfen.

Wir nennen der Kürze halber den Verfasser der von A. Jubinal veröffentlichten Version a, den der unsrigen b.

In der Conversion de St. Denis, die uns in der Version von a überliefert ist, wird natürlich auf die beiden Denis' Bekehrung vorbereitenden Ereignisse (Sonnenfinsternis, Errichtung des Altars) Bezug genommen.

Denis lässt sich (S.48 Z.12 ff.) St. Paul gegenüber folgendermassen über den Grund der Sonnenfinsternis aus:

Denis.
Sy concluysmes par acort
*Que le dieu de nature, à tort,*

Bevor b mit der Wahl der diacres zu dem eigentlichen Gegenstand seiner Darstellung übergeht, schildert er uns in mehreren Scenen die Vorgeschichte der Bekehrung unseres Heiligen. (cf. Analyse V. 353 – 2095.)

b stimmt hier in den Grundgedanken mit a überein. V. 1712 ff. sagt:

Denis.
. . . . . . . . Je dy,
*que l'incogneu dieu de nature*

Souffroit mortele passion.
Sy en eurent compassion
Les ellemens trestous ensemble.

souffre pour nous tous et endure
cruelle mort ou passion
car quoy par toute nacion
esmeuz sont tous les ellemens.
Dann wird er gefragt, wie der
neue Gott zu verehren sei.

S. Pol.
Maistre *Denis, que vous en semble?*
Est-ce homme, ou esperit, ou quoy?

Panopages.
Sire *Denis que vous en semble?*

S. Denis.
Sire Pol, je tiens ferme et croy
Qu'il est vrais hons et vrais Diex,
Mais sa demeure est sus les cielx.
Il n'a mestier de biens mondains.
Ne requiert que dévocions
Et humbles supplicacions.

Denis.
Sa dignité autres me semble
ce n'est point ung dieu terrien
Je croy qu'il ne demande Rien
que noz oraisons et prieres .
Louenges, devotes manyeres
et doulces *supplicacions*
et *humbles* genuflexions.

Von der Scene ab, in der die Wahl der diacres dargestellt wird — es ist die Eröffnungsscene in dem Mystère von a — schliesst sich b für den Verlauf seines Mystère, wie es uns überkommen ist, im Gang der Handlung genau, im Dialog oft wörtlich an seinen Vorgänger a an. Dabei tritt zwischen beiden folgender Unterschied hervor. Während bei a die ganze Darstellung eine Klarheit und Kürze zeigt, die seiner Version nur zugute kommt, scheint b bei seiner Arbeit das Princip verfolgt zu haben: Je ausführlicher, desto besser. Auch lag b, wie wir noch sehen werden, augenscheinlich viel daran sich den Schein selbstständiger Arbeit zu wahren. Er flickte deshalb, so oft er konnte, Gebete und religiöse Betrachtungen ein und war dies unmöglich, so zog er die von a übernommenen Scenen bis zum Übermass in die Länge ohne den Dialog durch neue Gedanken zu bereichern.

Bei a predigt Estienne den Juden in Jerusalem die unbefleckte Empfängnis: (S.12 Z.75)

Gleich vor Beginn der Wahl der diacres hat b eine derartige Erweiterungscene eigener Schöpfung angebracht.

Die Motive hierzu entnahm er augenscheinlich aus einer Disputation, die bei a Estienne mit Annas und Cayphas in Jerusalem führt. Und zwar lässt b dieses Thema die Jungfrau Maria selbst im Kreis der Apostel behandeln, wodurch St. Pierre noch Gelegenheit zu einer längeren Rede über die Berufstreue Christi erhält.

Maria erzählt in dieser Scene, wie sie bei ihrer Bibellektüre auf das Wort eines Weisen gestossen sei:

S. Estienne.
Sire, *le prophete Ysaye*
Respont de plain sans fiction
A vostre triple question.
Ysaye (VII° capitulo): *Ecce virgo concipiet et pariet filium.*

Marie V. 2229 ff.
*prophete Ysaye nommé,*
La ou en ung bel escript est:
„*Ecce virgo concipiet et pariet filium*".

Den Vorgang selbst erläutert er weiter unten (S. 13 Z. 74):
Car *le St.-Esperit l'aümbra*
*Qui du pur sang d'elle fourma*
*I corps précieux*, digne et tendre
Que ly filz Dieu voult en soy prendre
Avesques *l'âme précieuse.*

Auch sie erklärt dann den Vorgang: V. 2324 ff.:
*qu'en moy se mist le sainct esprit*
*Et troys gouttes de mon sang prit*
*Du pur sang* vital, Il s'entant
et *en forma en ung instant*
*un corps* et en .I. instant la
*l'ame divinement forma.*

Die folgende Scene bringt in beiden Versionen die ‚Wahl der diacres'.

Die Darstellungsweise von b lässt auch hier wieder sofort die Absicht des Autors erkennen die Scene, wie sie bei a überliefert ist, ausführlicher und würdevoller zu gestalten. Deshalb bringt S. Pierre vor der Wahl durch eine Busspredigt den Aposteln erst das Gefühl ihrer Sündhaftigkeit bei und überträgt dann, ohne ersichtlichen Grund, dem St. Lucas die Ausführung der Wahl. Doch findet — jedenfalls weil a keine Anleitung dazu gab — eine eigentliche Wahl gar nicht statt, sondern Lucas bestimmt einfach ‚sans autre choix' die 7 diacres. St. Lucas teilt hierauf St. Pierre das Ergebnis der ‚Wahl' mit und nun weiht St. Pierre die diacres vor ihrem Aufbruch noch in die Geheimnisse der Transsubstantiationslehre ein. Diese scheint aber bei den Hörern wenig Verständnis zu finden, denn Estienne hat die Naivetät zu fragen:

Estienne (V. 3093)
Oy sire, mes dictes nous
pour entendre a notre appetit

pourquoy est le pain si petit
de l'ostie, saichons ce bien.

Nachdem ihm Pierre diese Frage beantwortet hat, wird Estienne aber derartig wissbegierig, dass Estienne ihn zum Schweigen bringen muss.

Die Worte Pierres haben hier eine auffallende Ähnlichkeit mit denen St. Pols in der ‚Conversion de St. Denis' bei a, wo sich St. Pol dem Denis gegenüber in gleicher Lage befindet:

Bei a beschwichtigt St. Pol die Neugierde des Denis mit den Worten (S. 45 Z. 16):

St. Pol.

Sy est folie a homme en terre
Des *secrez de Dieu* trop enquerre
*Simplement s'y fault assentir.*

St. Pierre (V. 3129 ff.)

*Il suffist de grossement croyre* a qui n'est en clergise maistre nully ne se doit entremetre de savoir *les segretz de dieu.*

Bei a tritt St. Pierre gleich mit dem Ergebnis der von dem Volke vorgenommenen Wahl unter die Apostel und nennt Estienne als ersten diacre. Estienne bittet um den Segen und Pierre segnet ihn mit den Worten:

Darauf segnet Pierre Estienne mit den Worten:

St. Pierre (S. 10 Z. 11)

Le Saint Esperit vueille *descendre*
*En ton âme,* par quoy entendre
*Puisses à faire ton office*

St. Pierre (V. 3140 ff.)

*Pere* † *filz* † *et sainct esperit* †
Un dieu regnant sans finement
*descende en vous* si dignement
*que puisse ce divin service*

| | |
|---|---|
| Saintement, sans mal et *sans vice* | Cellebrer sans erreur ne *vice* |
| *In nomine Patris et Filii et Spiritus sancti!* | A vostre honneur, Joye et santé. |
| St. Estienne. | St. Estienne. |
| Amen! — Dieu doint *qu'il soit ainssy.* | *Ainsi soyt Il* par sa bonté. |
| Darauf fleht er Christus um Beistand an und macht sich auf den Weg nach Jerusalem. | Nachdem dann ebenfalls Estienne Christus um Beistand angefleht hat, bricht er nach Jerusalem auf. |

b lässt nun eine Teufelscene folgen, in der Sathan gescholten wird, weil er die Wahl der diacres nicht gehindert hat. Diese, wie die folgenden Teufelscenen geben ein weiteres Unterscheidungsmerkmal für beide Versionen ab, da bei a derartige Scenen nicht vorhanden sind.

| | |
|---|---|
| Bei a beginnt nun Estienne seine Thätigkeit in Jerusalem mit folgender Predigt: | Auch bei b beginnt Estienne seine Bekehrungsthätigkeit mit einer Predigt, in der er die Juden folgendermassen ermahnt: |
| Estienne (S. 11 Z. 6) | Estienne (V. 3496 ff.) |
| Seigneurs, salut en Ihesucrist | Retournez vous a Ihuscrist |
| *Qui le monde forma et fist* | *qui le monde forma et fist* |
| Comme vray Dieu et filz de Dieu, | Et nasquit d'une vierge mere |
| Qui par vous en ce present lieu | 3499 Et pour nous souffrit |
| Mourut selonc l'umanité | mort amere. |
| Que prinse avoit par charité | |
| En la doulce vierge Marie | |
| Puis revint-il de mort à vie | |

| | |
|---|---|
| *Et au* tiers *jour resuscita* | 3500 *puis* autres *Jour Ressucita* |
| *Et hors d'enfer les siens geta* | *Et les siens* [hors] *d'enfer geta* |
| *Après monta* voians *nos yeulz* | *après monta* davent *nos yeulz* |
| *Au quarantiesme jour aus cieuls* | *Au quarantiesme Jour es cieulx* |
| *Et en tel forme proprement* | *En celle forme proprement* |
| S'en va *au jour du jugement* | viendra *au Jour du Jugement* |
| Rendre a chascun juste loier! | Juger vous et mauvais aussi. |

Wieder war b die Scene, wie sie a bot, zu knapp gehalten. Bei b müssen die Pharisäer erst die Predigt Estiennes hören. Sie laufen natürlich zum Obersten Annas das Ungeheuerliche zu melden. Dieser aber ist allein nicht kompetent, erst muss Caiphas zugezogen werden. Beide kommen zusammen, wechseln kunstvolle Redensarten und beschliessen Estienne festnehmen zu lassen. Die Pharisäer machen sich auf die Suche. Dann erst, nachdem Estienne herbeigebracht worden ist, beginnt die eigentliche Disputationscene. Bezeichnend für den Wortreichtum unseres Autors gegenüber der Kürze von a ist die Art, wie hier Annas seine Zweifel an der unbefleckten Empfängnis äussert.

Bei a hört Annas die erste Predigt Estiennes mit an und fragt sofort:

| Annas (S. 12 Z. 2) | Annas (V. 3913 ff) |
|---|---|
| Et se hom fut, par quel maniere | Ne seroyt ce pas grant abus |
| Le peut enfanter vierge entiere | que femme et homme ensemble feussent |
| Sans avoir d'omme compaignie? | A que d'eulx mesmes enffans eussont |

Estienne antwortet mit der schon oben angeführten Stelle aus Jesaias. Nun hält Annas Estienne vor, dass man doch Jesu Eltern gekannt habe. Darauf giebt Estienne zur Bekräftigung seiner Lehre die ebenfalls schon oben angeführte Schilderung der unbefleckten Empfängnis.

Dann treten die falschen Zeugen auf.

Bei a sagt Estienne vor der Schilderung der unbefleckten Empfängnis:

Estienne (S. 12 Z. 20)
Et l'anemy sy vous estraint
Que vraye foy en vous estaint.

Sans habitation charnelle
Et seroyt chose trop nouvelle
qu'une femme ung enffant concoust,
Sans que d'homme atouchee feust,
par ma loy c'est chose Impossible.

b konnte, ohne sich plump zu wiederholen, den Estienne nicht wie bei a mit der Bibelstelle und der eingehenden Beschreibung der unbefleckten Empfängnis antworten lassen. Er machte sich die Antwort bequem, indem er einen Gedanken von a aufgriff und in anderer Form verwertete. Estienne erwidert nämlich:

Estienne (V. 3938 ff.)
Et vous estes si mal[cuidans]
que ne povez science aprendre.

Da nun erst Gegenzeugen herbeigeschafft werden müssen und b, wie ich glaube, einen wirkungsvollen Journéeabschluss haben wollte, lässt er Estienne in den Kerker werfen, wo er von Engeln über sein Schicksal aufgeklärt und getröstet wird. (cf. Analyse V. 3462—4309.)

Da nach dieser Scene in unserem Mystère die grosse Lücke beginnt, muss der Vergleich beider Versionen bis zum Beginn der sechsten journée ausgesetzt werden. Die Eröffnungscene der Pariser eschevins, die b der eigentlichen journée vorangehen lässt, ist bei a nicht vorhanden.

Gleich bei Beginn dieser journée tritt wieder das Streben von b hervor die Scenen, wie sie a bietet, möglichst auszudehnen. Er lässt infolgedessen schon im Anfang der journée den Kaiser Domitien, der bei a erst später auftritt, inmitten seiner Grossen erscheinen und für die alten Götter ein allgemeines Opfer vorbereiten. Erst nach dieser, für den Verlauf der Handlung völlig wertlosen, Scene sehen wir Denis mit seinen Gefährten in Frankreich einziehen.

| a beginnt diese journée gleich mit dem Einzug Denis' in Frankreich. | b hat in der nun folgenden Scene seine Abhängigkeit von a durch kleine Änderungen zu verdecken gesucht. Bei b sagt: |
|---|---|
| | Denis (V. 4624 ff.). |
| | La mercy au Roy glorieux, passez avons par divers lieux |
| Denis (S. 103 Z. 15) | sans avoir nul empeschement, |
| De France aprochons, merci Dieu, | en france sommes franchement, si comment que soyons espars |
| Cheminer nous fault en maint lieu | pour dieu servir en plusieurs pars, |
| Pour preschier la foy crestienne | marcelin *en guyenne ira* |
| Saturnin *ira en Guienne*, | qui la foy Ihus preschera, |
| Et *en Espaigne* Marcelin, | Saturnyn *en espagne* aussi, |

| | |
|---|---|
| *Lucien* et frère Quentin<br>*A Beauvais et à Amiens,*<br>La trouveront toyson païens. | qui la foy preschera ainsi,<br>puis se Retraira *Lucian*<br>*vers beauvais* ce quartier soit<br>        sien,<br>Et pour prescher ceste matiere<br>Irez *aussi a amiens* frere<br>espandre la foy catholique |
| *Moy, Rustique et frère Eleuthère*<br>En yrons tout droit à *Paris* | *Et moy, Eleuthere et Rustique*<br>*a paris* tous troys nous tien-<br>        drons[1]). |
| Bei a zieht nun Denis mit seinen Gefährten predigend in Paris ein, und die Pariser nehmen mit ihm sofort die Disputation über die neue Lehre auf. | Auch bei b beginnt Denis seine Thätigkeit in Paris mit einer Predigt. Darauf befolgt b dieselbe Praxis wie bei Estiennes Einzug in Jerusalem. Die Pariser hören Denis predigen und melden es den eschevins. Diese halten Rat und der premier eschevin begiebt sich mit den Parisern zu Denis um diesen über die neue Lehre auszuhören. |
| Denis preist seinen Gott als den König der Könige: | Nachdem Denis gegen das |

---

1) Augenscheinlich absichtlich hat b die Stelle nicht aus a übernommen, in der Denis seinen Gefährten Sentin und Antonin, die nach Meaux gehen, aufträgt den Verlauf seines Martyriums aufzuzeichnen und den Bericht dem Papste zu überbringen. b hat dadurch von vornherein angedeutet, dass er dieses Motiv, das a wirklich zuletzt in einer die Schlusswirkung seines Mystères durchaus abschwächenden Scene ausführt, wegzulassen gedenke. Es ist dies wohl die einzige Besserung, die b an dem Inhalt der Version a vornahm.

Le Premier Parisien (S. 105 Z. 4)
Quel roy? de la feve ou du pois?

heidnische Gesetz geeifert hat, schildert er die Eigenschaften des neuen Gottes.

Denis (V. 5017 ff.)
Mon dieu est roy sans contre-
dire,
Et sachez de vray *que son regne
N'aura ja fin et sur tous Regne,
Luy vray homme*, dieu sur tous
dieux.

St. Denis.
Le roy pour voir, *de qui le règne
N'ara ja fin, qui sur tout règne
Vray homme*, vray Diex et seul
Diex.

Le Premier.
Esgar, nous crevera-il les yeulz?
Où sont *nos Diex? ne sont-ilz
riens?*

Le 3ᵉ eschevin.
confonduz sommes hault et bas
nos bons *dieux* doncques *ne
sont Riens?*

St. Denis.
Vos *Diex* ne *sont* Diex plus
que chiens
Il n'est Dieu, sachiez, fors le
nostre.

St. Denis.
Vos *dieux* sont trop pires *que
chiens*
sachez qu'il n'est dieu que le
nostre.

Le Second Parisien.
Beau *maistre, ce Dieu qui est
vostre
Est-il ore nouvel ou vieulx?*

Le 2ᵈ eschevin.
*Maistre ce Dieu qui est vostre
Est-il ancien ou nouvel?*

St. Denis.
Amy, nostre Dieu est vray Diex
Et vray homs et *vielx et nouvel.*

St. Denis.
*viel nouvel* et perpetuel
et n'a commencement ne fin.

Spottende Bemerkungen der Pariser über die Eigenschaften des neuen Gottes schliessen bei a die Scene, und es

Nachdem Denis den eschevins noch den Sündenfall und die Erlösung des Menschen durch Christi Tod erklärt hat, ziehen beginnt sofort mit dem Auftreten Lisbies die Hauptscene dieser journée, in der die Bekehrung des ersten Franzosen zum neuen Glauben dargestellt wird.

Lisbie ist erstaunt darüber, dass Denis den Parisern der- sich die Pariser zurück und halten mit den eschevins Rat, was zu thun sei. Die eschevins beschliessen Denis festzunehmen und übertragen den Parisern die Ausführung des Beschlusses. Die Pariser machen sich auf den Weg.

Indessen leitet ein Gebet des Denis Lubies Bekehrung ein, die auch bei b die Hauptscene der journée ausmacht. In dieser Scene hat sich b, wie wir sehen werden, am engsten an die Version a angeschlossen. Um sich aber auch hier den Schein selbstständiger Arbeit zu wahren, hat er seine Scene so durchgeführt, dass die aus der Scene von a entnommenen Partien nicht in derselben Reihenfolge stehen wie bei a. Ferner kommt bei b Lubie zu Denis, weil er am alten Glauben verzweifelt, während bei a das Gegenteil der Fall ist. Obwohl also (bei b) Lubie eigentlich schon den alten Göttern abtrünnig geworden ist, fühlt artige, lügenhafte Lehren vorzutragen wage. Doch Denis lässt sich nicht beirren, sondern bemüht sich Lisbie über die Ohnmacht der alten Götter aufzuklären.

Denis (S. 107 Z. 11).

Vos ymages qui sont de peautre
De bois ou d'argent ou de pierre
N'ont pouvoir n'en ciel ne en terre,
Ils ont yeulz et ne voient goute,
Ne se bougent s'on ne les boute

*Garder deussent et gardez sont*


*Vous les faictes, pas ne vous font,*
Nostre *dieu fist tout et tout garde*
*De luy n'est nul faiseur ne garde*

Darauf lässt sich Lisbie die Lehre von der Dreieinigkeit erklären.

Lisbie (S. 107 Z. 28).

Dictes moy, sire, et qui le muet
Qu'il est tout seul *et seul veut estre?*

sich Denis doch veranlasst, ihm die alten Götter nochmals im schlechtesten Lichte zu zeigen. Der Grund dafür ist, dass b bei a diese Stelle vorfand.

Denis (V. 5341).

Les dieux faitz de matieres dures
ydolles plaines de laidures
des faulx esperitz de mal plains
helas ne sont ymages fains?
de leurs bouches souppirs ne plains
ne font qui est chose contraire
*gardez sont, Ilz deussent garder*
des yeulx ne peu[vent] Regarder
C'est le puis d'erreur tout parfont

vous *les faictes pas ne vous font,*
mon *dieu fait et le tout garde,*
de luy *n'est nul faiseur ne garde.*

Auch bei b ist der Gedanke der Dreieinigkeit Gottes Lubie noch unverständlich. Sie fragt:

Lubie (V. 5376).

Or me dictes en conscience
La vraye et pure experience
pour quoy *veult estre* en *ung dieu seul?*

Denis (S. 108 Z. 5).
Frère, tenez-vous un pou coy:
Dites, est Dieu omnipotent?

Lisbie.
Oil, sire; car inpotent
Ne puet estre par nulle voye.
Donis.
Beau frere, se Diex vous doint
joye
*Comment pourroient estre en-*
*semble*
*deux tout puissans, que vous en*
*semble?*
Lisbie.
Sire, *il ne peuvent estre deulz.*
Denis.
*Doncques faut-il qu'il soit tout*
*seulz*
*Et certes ordre naturele*
*Sy requiert une cause tele*
*Qui soit fondemens, fin et chiés*
*De* toutes *causes* et efficz.
Weiter unten heisst es (S. 110 Z. 12):
Raison le veult, sy font tous
drois
*Mais pourquoy* m'en nommez-
vous *trois*
ung *esperit, un filz, un pere?*

Denis (V. 5383).
Cecy contient toute la foy
ne croyez vous qu'il est puis-
sant?

Lubie.
Si foys, Je le suis congnois-
sant.

Donis.
*Et comment peuvent estre en-*
*semble*
*deux dieux puissans que vous en*
*semble?*
Lubie.
Certes estre ne peuvent deulx.
Denis.
*Doncques convient-Il qu'ilz soient*
*seulz*
et par *vray ordre naturelle*
*se requiert une cause telle*
*qui soit fondement fin et chef*
pour venir *de la cause* achef.

Lubie.
C'est Raison et ainsi croys

*mais pourquoi* est-il mis *en troys*

ung *esperit, ung filz, un pere?*

Denis.

*Entendez seinement,* biau *frere,*
car *cest article est perillieus*
*A qui a le cuer orgueillieus,*
*Plusieurs, en soy magnefiant,*
*Non pas en Dieu glorefiant*
*Par curieuse vanité*
*Et vaine curieusité,*
*Ont enquis et voulu* entendre
*La divinité et comprendre*
*Qui est chose pure impossible*
car *Diex est inconprehensible*
Ainçois est grant forsennerie
Que home mortel qui ne scet mie
souldre une povre *question*
veuille, par sa présumpcion
comprendre par son sen humain
*Qui ne scet s'il vivra demain.*
*Et pour ce dieu telz* genz *lessoit*
*et lors l'anemy ne cessoit*
*de les mettre en erreurs diverses*
*Et en opinions perverses.*

  Eine Verspartie aus dem vorhergehenden Scenenteil (S. 109 Z. 20) entspricht der Fortsetzung der Rede des Denis bei b.

Ainssy fait l'un apostater
Et ly *autres ydolâtrer*

Denis.

*Entendez bien saynement frere*
*cest article est* trop *perilleux*
*a qui a le cueur orgueilleux*
*plusieurs en eulx magnifiant*
*non pas en dieu gloriffiant*
*par curieuse vanité*
*et vaine curiosité*
*ont enquis et voulu* aprendre
*et la divinité comprandre*
*qui est chose pure Impossible*
*car Dieu est Incomprehensible*
Lequel n'auroit science somme
de souldre simple *question*
et veult par sa presumption
comprendre en son sens humain
et ne scet s'il vivra demain
aucuns ont voulu cecy faire
qui envers dieu vouloient meffaire
*Et dieu pour telz les laissoit*
*et lors le diable ne cessoit*
*de les metre en erreurs diverses*
*et en opinions parverses.*

Les ungs estoient opiniastres
et les *autres* comme *ydolatres*

| | |
|---|---|
| *Instituer* mahommeries | *Instituans* (Lücke im Ms.) |
| *Selonc diverses fantaisies* | *selon diverses fantasies* |
| *Dont ly uns aourent figures* | *Les ungs adouraient les figures* |
| *De pecheresses creatures* | *des pecheresses creatures* |
| *Les autres bestes* ou serpens | *autres bestes* de ce ne mens |
| Et *les autres les elemens* | Aucuns *autres les ellemens* |
| Fünf Verse weiter heisst es bei a: | par leur faulce et mauvaise erreur |
| Dieu le filz *du ciel dessendit* | et Ihus voyant cest erreur |
| *Qui telles erreurs deffendit* | *du* glorieux *ciel descendit* |
| 10 Zeilen unterhalb des Verses: „Et en opinions perverses" ist die fortan dem Text von b entsprechende Stelle zu finden: | *qui telles erreurs deffendit* |
| *et donne cler entendement* | *et donna cler entendement:* |
| *or entendez donc* sainement | *or entendez doncques* comment |
| Sachiez *la saincte Trinité* | frere, *la saincte Trinité* |
| *n'est qu'une seule déité* | *n'est q'une seulle déité* |
| *Qui de néant créa* tout et fist | qui de *Riens* par pouvoir *créa* |
| *Qui es creatures reluist* | la terre et quonques dessus a, |
| et aucunement y apert | ciel, soleil, estoilles, commectes, |
| Comme vous voiez en apert | Lune, mouvements planectes |
| Que *le soleil a grant chaleur* | *Le solleil si a la challeur* |
| Et grant lumiere et grand valeur | sustance et sa Resplendeur chacun en son pouvoir pareil |
| Et *tout ce sy n'est qu'un soleil* | *toutefoys ce n'est qu'un soleil* |
| Par tout aussy en cas pareil | vous pouvez veoir *par* vray |
| Et resgardez *par* bonne *estude* | *estude* |
| *La façon et la magnitude* | *La fason et la magnitude* |

du monde et l'ordinacion
Et la grant gubernacion
comme il fut puissamment créé
Et tres sagement ordené
Gouverné par benivolence
Vous trouverez tantost en ce
que cil a souverain pouvoir
Parfait savoir, tres bon vouloir
qui tel l'a fait et limité
et c'est la Sainte Trinité
Pere et Filz et Saint-Esperit
Un Dieu, seul Dieu, comme j'ai dit.

Von der Wahrheit der neuen Lehre überzeugt, bittet Lisbie:

Lisbie à genous.

Sire, je croys qu'enque me dites
pour Dieu veuillez moy baptiser.

du monde et l'ordinacion
et la grant gubernacion
comme Il fut puissamment cree
Et tres saigement ordonné
dont vous pouvez croire et savoir
que cil a souverain pouvoir

qui tel l'a fait et lymité
et c'est la saincte trinité
pere et filz et sainct esperit
ung dieu qui Jamais ne perit.

Ebenso bei b.

Lubie à genoulx.

Il est temps de moy aviser
pour dieu veuillez moy batiser.

Nachdem ihn Denis den Wunsch noch in lateinischer Sprache hat wiederholen lassen, tauft er Lubie.

### Denis.
Et je vous baptise, amy chier
In nomine Patris et Filii et Spiritus sancti Amen!

Sofort betreten nun bei a die Pariser die Scene um Denis zu verhaften (S. 114 Z. 2).

### Denis.
Et ego te batizo
In nomine patris et filii et Spiritus sancti amen!

Auch bei b nahen jetzt die ausgesandten Häscher. Mit dem Rufe (V. 5503):

Le Premier Parisien führt die Schar an.
Vez-lo cy; sus, *frapez*, tuez!
Qu'est-ce? Vous ne vous remuez
N'en ferez-vous huy autre chose?

   Le Second.
Par ma cure, sire, je n'ose
Ne je n'ay main qui bien me vueille

   Le Tiers.
Je n'ay membre qui ne me duoille
Je n'y suis pas, ce croy, demy.

   Les Autres II.
Alons-en, c'est un enemy
(Lors se retournent en fuiant.)

Sus gallans, à mort Ribaudaille *frappez* dessus ceste merdaille wollen sie sich auf Denis stürzen, doch gelähmt halten sie plötzlich inne (V. 5522):
Compaignons qu'est cecy adire
Je n'ay ne pouvoir ne vertu
Il m'est admis qu'on m'a batu
Les membres dont pas ne me plaist

klagt der 4. Pariser. Die andern müssen ihm bestürzt beistimmen und da ihnen die Kraft zum Weglaufen noch geblieben ist, so folgen sie dem 2. Pariser, der mit den Worten (V. 5551):

plus n'y seray, Retournons-nous die Scene verlässt. (Icy s'en vont les Parisions.)

 Diese Scene ist wieder charakteristisch für die Art, wie b bei seiner Arbeit die Version von a benutzte. Während bei a diese Scene 24 Verse umfasst, weiss b diese Verszahl um das vierfache zu erweitern, ohne einen wesentlich neuen Gedanken vorzubringen. Dabei steht er soweit unter dem Einfluss von a, dass er, wie der oben angeführte Scenenvermerk zeigt, die Pariser wie bei a abgehen lässt, während sie in Wahrheit auf der

Scene bleiben und sich gegenseitig ihr Leid klagen. Selbstverständlich schliesst b noch eine Scene an, in der die Pariser im consistoyre den eschevins die Sache nochmals vortragen, doch nur Vorwürfe für ihr Verhalten empfangen.

Es wird beschlossen den Kaiser um Hülfe anzugehen, doch kommt dieser Beschluss, wie der Verlauf des uns überlieferten Mystère zeigt, gar nicht zur Ausführung.

Die folgende Scene spielt in Rom. Domitien spricht den Entschluss aus die Christen, vor allem Denis, von dessen Thätigkeit er Kunde erhalten hat, zu vernichten. Er bestimmt sofort Fescennin nach Frankreich zu ziehen und Denis nebst Gefährten den Prozess zu machen. Fescennin ruft seine Henker und ‚cy voisent à Paris' wie der Scenenvermerk sagt.

Auch bei b spielt die nächste Scene in Rom. Domicien klagt über die wachsende Macht des Christentums und will prevosts nach allen Provinzen schicken, damit der neue Glaube schneller unterdrückt werden könne. Doch zuvor begiebt er sich, vom messagier gemahnt, in den Tempel um den Göttern das schon vorher angekündigte Opfer darzubringen.

Unterdessen giebt in der Hölle Lucifer Sathan den sonderbaren Auftrag den Kaiser über Denis' Thätigkeit in Frankreich aufzuklären. b hatte also entweder vergessen, dass der Beschluss der eschevins von Paris dasselbe bezweckte, oder aber die nochmalige Verwertung dieses Motivs bot ihm allein die Möglichkeit eine Teufelscene anzubringen. Wie aber Sathan diesen Auftrag ausführt, wird in dem uns überlieferten Mystère nicht geschildert. Genug, der Kaiser weiss auf einmal wie die Sachen in Paris stehen und schickt Fescennin dahin ab.

Fescennin kommt vor Paris an. Die Pariser gehen ihm entgegen und begrüssen ihn.

In Paris angekommen, kehrt Fescennin im Gasthaus ‚des blancs manteaulx' ein, erkundigt sich bei der Wirtin über die Zustände in Paris und schickt dann die tirans aus um die eschevins herbeirufen zu lassen.

Die eschevins erscheinen, und der erste von ihnen begrüsst Fescennin: "

Les bourgeois (S. 116 Z. 4).

Cher *sire, bien soiez venus.*

Fescennin lässt sich kurz über Denis' Thätigkeit berichten und ‚lors voisent à Paris et Fescennin soit au plus hault ciege'.

Le premier eschevin (V. 6398) Vostre venue nous doit plaire *sire, bien soyez vous venu.*

Auch bei b lässt sich Fescennin Bericht über Denis und die gegen ihn ergriffenen Massregeln erstatten ‚et icy partent pour aller au palais'.

b füllt die so entstehende Pause mit einer kurzen Scene, in der Denis seinen Gefährten verkündet, dass die Marter bevorstehe.

Kaum hat sich Fescennin auf den Richterstuhl nieder-

Nun haben sich die eschevins im palais versammelt, und

gelassen, so sendet er seine
sergens aus, Denis gefangen
zu nehmen

 Fescennin (S. 117 Z. 8).
Queroz-nous ce popelican.
Alloz tost.
   Les sergens.
Sire nous alons.



Die sergens treffen Denis
sofort und bringen ihn nebst
seinen Gefährten gefangen zu
Fescennin.
Fescennin stellt sofort ein
Verhör mit ihnen an.
 Fescennin (S. 118 Z. 5).
Est-tu le fol viellart grejois
Qu'on appele Denis Machaire
Qui a nostre loy es contraire
Qui nos Diex ne prises II ables.
   St. Denis.
Vos diex ne sont pas Diex,
   mes diables.

Fescennin befiehlt den Denis
zu verhaften.

 Fescennin (V. 6492).
Or sus allez en faire queste.
  Le premier eschevin.
Allons tost, il en est saison.
 Wieder erhält b Gelegen-
heit den Denis noch eine Pre-
digt halten zu lassen.
 Dann treten auch bei b die
tirans auf, verhaften Denis
und bringen ihn zu Fescennin.
 Auch bei b beginnt Fescen-
nin sofort das Verhör.
 Fescennin (V. 6625).
Reponds puisque tu es Icy
ca, comme blasme tu ainsi
nos haulx dieux et leur ma-
   jesté.
   Denis.
Dieux sont sans nulle utillité
dieux sont de tribulacion
ce sont dieux de dampnacion.
 Hier hat b ein Motiv, das
a erst am Schluss der folgen-
den Scene verwendet, vorweg-
genommen: Fescennin lässt

Bei a wird das Verhör beendet durch das Auftreten der Larcie, die ihren Mann Lisbie wegen seiner Abtrünnigkeit anklagt.

Larcie (S. 119 Z. 21).
Ha! monseigneur, vostre aide
     en droit!
Ce larron a sy desvoié
Mon baron, qu'il *a renoié*
Nostre Dieu souverain *Mercure*
De la loy *ne de moy n'a cure.*
   Fescennin.
*Or tost alez son mary querre.*
   Les sergens.
Sire, *nous y alons* bonne erre.
Cy voisent à Lisbie.


   Le premier sergent.
Je mez la main à vous, Lisbie.


    Lisbie.
Jhesus, qui fu né de Marie
Amis, vous vueille convertir.
Cy le meinent au Prevost.

Denis und seine Gefährten peitschen und ins Gefängnis werfen.

Bei b erzählt erst Lubie seiner Frau, dass er sich habe taufen lassen, und nun klagt diese ihn bei Fescennin an.

Larcie (V. 6873).
Mon mary par la meschanseté
d'un prescher qui l'a enchanté

*A renoyé* la loy *mercure*
et dit qu'il *n'a plus de moy cure*
Darauf befiehlt Fescennin:
   Fescennin.
*Allez moy son mary querir*
courez Ribaulx.
  Tous les tirans ensembles.
*Nous y alons.*
  Um den Eifer der Larcie besonders zu kennzeichnen, hat ihr b noch einige Züge verliehen. Erstens zeigt Larcie den tirans den Weg. Lubie wird verhaftet und bittet:

Lubie (V. 6859).
Le doulx Jhus par amitié
vous vueille tous en bien par-
     faire.

Le Prevoust.
Or ça, Lisbie, en male estraine
Avez-vous renoié nos Dieux?
Lisbie spricht geringschätzig von den alten Göttern. Darauf befiehlt Fescennin kurzer Hand:
Fescennin.
*Coupez-ly* en présent *la teste.*

Der Befehl wird sofort ausgeführt.

Nun wendet sich der Groll Fescennins wieder gegen Denis und seine Gefährten.

Fescennin (S. 121 Z. 5).
*Rompez le cuir* et la ventraille
De toutes pars *le sanc ly saille*
*Faites les tous* trois *despouillier.*

Larcie führt ferner ihren Mann selbst zu Fescennin.
Larcie (V. 6869).
Avisez, Sire, vez le la
cil qui a renoié la loy.
Von Fescennin befragt, bekennt sich Lubie zum neuen Gott, sofort befiehlt
Fescennin (V. 6890)
va luy tost *la teste copper.*

Der 3. tirant enthauptet Lubie, nachdem dieser noch ein Gebet gesprochen hat. Larcie drückt schliesslich ihre Befriedigung über den Tod ihres Gatten aus.
In der folgenden Scene geloben die tirans nicht zu ermüden in der Verfolgung der Christen und eilen Denis aus dem Kerker zu holen. Darauf befiehlt Eescennin a entsprechend:
Fescennin (V. 7094).
Sus acoup *despouilez les tous*
et les me chargez bien de coups
*Rompez* leur les oz et *les peaulx*
tant que le sang voye par Rousseaulx.

Denis aber bewahrt sein Gottvertrauen.
St. Denis (S. 121 Z. 15).
dio en soy despollant.
Doulz Jhésus *qui vous despoul-
lastes*
Pour nous et nu vous expo-
sastes
A estre batu durement
Soiez a cest commancement.

Da die Züchtigung erfolglos bleibt, befiehlt
Fescennin (S. 123 Z. 15)
Or sus, *liez-moy* ces païsans
*De cheines de fer* bien pesans
Et les jetez à terre dure
En chartre puant et oscure.

Als die sergens mit den nackten Gefangenen im Kerker ankommen, fragt der
Jaulier (S. 125 Z. 14)
Que sont leur robes devenus?

Denis tröstet sich im Hinblick auf Jesus.
Denis (V. 7177).
Bien lo scay *que vous vous
despoullastes*
Et sic ostates
votre vestement precieulx...
b hat diese Züchtigungscene in ermüdender Weise ausgesponnen und mit Geboten der Opfer durchflochten. Bei ihm umfasst die Scene 312 Verse, während sie bei a nur 56 Verse zählt.
Endlich befiehlt auch bei b Fescennin:
Fescennin (V. 7438).
Remenez les en la prison
et *les me liez* sans touffer
par le corps *de chesnes de fer*
und um die Marter zu vergrössern, fügt b hinzu:
chauldes venans de la four-
naise.
Auch bei b ist der geollier erstaunt über den Zustand seiner Gefangenen.
Le geollier (V. 7458).
Ha, que le diable les Rapporte
et comment sont-Ilz Revenuz?

Masquebignet.
Ilz les ont fait voler aus nues.

Im Kerker betet Denis zu Christus:
Denis (S. 126 Z. 3).
En chartre plaine d'obscurté
De punesie et de dureté
En tel durté, en tel rigueur
Nous donnez et force et vigueur
Et soiez par grace avec nous.
Nun kommt Fescennin selbst in den Kerker um die Fortsetzung der Marter zu befehlen. Es werden jetzt drei chevaux de fust herbeigeschafft, die Unglücklichen daraufgesetzt und noch mit Ruten gepeitscht.

Le premier tyrant.
Sont-ilz empoint?
Le geollier.
Ouy, tous nudz
Leur vesture ne vault un blanc.
Denis wird nun mit glühenden Ketten gefesselt, und die tirans melden Fescennin, dass der Befehl ausgeführt sei.
Auch bei b ruft Denis Christum an.
Denis (V. 7560).
En ceste prison tenebreuse
et ennuyeuse
merencolique mon Joyeuse
veuillez vos servans confortir.
Nun raten die eschevins Fescennin die Delinquenten auf die chevaux de fust zu setzen. Doch zuvor will es Fescennin erst mit Milde versuchen. Er verspricht Denis — wie es später auch Fescennin bei a thut — Freiheit und Verzeihung, wenn er widerrufe. Vergebens. Nun werden die Märtyrer auf die chevaux gesetzt. Zur Verschärfung der Qual hängt man ihnen noch contropoix (cf.

Fescennin aber ermuntert die sergens zu immer neuen Kraftanstrengungen:

Fescennin (S. 129 Z. 17)
Frapez fort, ilz ne font que rire.

Standhaft ertragen Denis und seine Gefährten auch diese Marter.

Nun wird auf Geheiss Fescennins ein gril de fer herbeigebracht, und Denis daraufgelegt. Fescennin giebt den Befehl:

Fescennin (S. 130 Z. 17)
Faites bon feu sous ce viellart.

Analyse) an die Füsse. Die tirans nehmen wie bei a die Ruten zu Hülfe und Fescennin feuert sie an:

Fescennin (V. 7999).
Sus compaignons, frappez
          dessus.

Wieder hat b die Marter, die bei a erfreulich schnell von statten geht, in widerwärtig breiter Weise ausgeführt. Bei b besteht diese Scene aus 196 Versen, bei a aus nur 35.

Eine neue Marter soll endlich den Widerstand des Denis brechen. Fescennin lässt auf Rat der eschevins einen gril de fer von den Parisern anfertigen. Die tirans bringen den gril herbei und legen Denis darauf[1]. Schon ruft Fescennin frohlockend:

Fescennin (V. 8307)
S'il a bon feu, tantost cuyra.

Doch der erwartete Erfolg bleibt aus. Verblüfft stehen

---

[1] Natürlich hat auch diese Scene den vierfachen Verseinhalt der bei a entsprechenden.

Als auch diese Marter nichts fruchtet, befiehlt Fescennin zornig:

Fescennin (S. 131 Z. 7)
Or avant *aus bestes sauvages*
*Qui ne mengerent de sepmaine*
*le me jetez* en lieu d'aveine.

die Pariser vor dem Wunder. Fescennin fordert Denis nochmals auf zu widerrufen, doch Denis hat nur Mitleid für die Verblendung Fescennins. In hellem Zorn folgt nun Fescennin dem Rat der eschevins Denis den wilden Tieren vorzuwerfen.

Le premier eschevin (V. 8535).
Sachez que deux bestes avons
deux tresgrans et orgueilleux
lions
*qui longtemps a que ne mangerent.*
Nachdem noch Fescennin den Befehl gegeben:

Fescennin (V. 8565)
Ostez le moy puis qu'ainsi est
et *le me menez* sans arrest
a ces doux bestes *si orribles*

bricht mit V. 8577 unser Manuscript ab.

Ca. 500 Verse sind bei a noch bis zum Ende des Martyriums übrig. Selbst wenn nun b nach der bisherigen Art seiner Bearbeitung die übrigbleibenden Scenen um das Vierfache vergrössert hätte, so würde die so entstehende Verszahl immer erst die Hälfte einer journée ausmachen. Das Vorhandensein einer siebenten journée ist also schon nach dieser Erwägung ausgeschlossen, ganz abgesehen davon, dass die Annahme, man könne die Katastrophe vom Stücke getrennt und in einer neuen journée, also am folgenden Tage dem Publikum vorgeführt haben, sich ganz von selbst verbietet.

Wir stehen am Schlusse unseres Vergleiches. Er zeigt deutlich, dass b nach einer Vorlage im Wortlaute der Version a gearbeitet hat. Alle Motive kehren fast genau in der Reihenfolge wie bei a, zahlreiche Stellen wörtlich in der Version unseres Autors wieder. Die eigene Thätigkeit von b bestand darin, die bei a vorgefundenen Scenen zu erweitern. Das sieht man am deutlichsten in der Ausführung der Marterscenen, wo b zum grossen Schaden seiner Arbeit dem Geschmack seines Publikums übermässige Zugeständnisse gemacht hat.

## VII. Ursprünglicher Inhalt unseres Mystère.

Der Anfang unseres Mystère -- Wahl der diacres, Martyrium St. Estiennes — und das Ende — Martyrium St. Denis' — stimmen, wie wir eben sahen, in ihrem Inhalt mit dem Anfang und Ende der Vorlage a überein [1]).

Da nun unser Mystère nachweislich aus sechs journées bestanden hat, so liegt die Vermutung nahe, dass in der Lücke zwischen der ersten und sechsten journée unserer Version die entsprechenden journées der Version a gestanden haben.

---

1) Die Anfangscenen der Version b, in denen der Heide Denis geschildert wird, können bei dieser Betrachtung unberücksichtigt bleiben.

Diese Vermutung wird zur Gewissheit erhoben durch verschiedene, in unserm Text befindliche Andeutungen, die sich auf die verlorenen journées beziehen.

In der Version von a wird Estienne infolge falscher Zeugenaussagen zum Tode verurteilt.

Bei b ging Estienne dem gleichen Schicksal entgegen, denn Jesus lässt ihm durch St. Michel im Kerker verkünden:

St. Michel (V. 4239).

 faulsement accusé seras
 par faulx tesmoings plains de tout cryme
 Et puis la mort tu souffiras.

Nach dem Martyrium St. Estiennes folgt in der Version von a die Conversion de St. Paul. Dasselbe war auch bei b der Fall. Durch das Ungeschick des Copisten nämlich ist ein 16 Verse umfassendes Dialogfragment — ein Gespräch zwischen Saulus und den Pharisäern enthaltend — in das Martyrium St. Estiennes geraten und dann vom Correktor H wieder gestrichen worden. Dieses Fragment kann nur aus einer Scene stammen, in der Saul eine hervorragende Rolle spielte, denn er wird von den Pharisäern: ‚nostre bon maistre venerable' angeredet und ist, wie seine Worte zeigen, eben daran in längererer Rede die Bedeutung seiner Stellung darzulegen. Im Martyrium St. Estiennes aber hatte Saulus diese Stellung noch nicht, denn nach christlicher Tradition bewachte er da die Oberkleider der Juden,' welche Estienne steinigten. b hatte nun erstens keinen Grund und war zweitens auch nicht der Mann selbstständig von dieser Tradition abzuweichen, zumal, wie ein Blick in die Vorlage a lehrt, bei diesem Saulus als Wächter der Kleidungstücke auftritt. Wollte aber trotz alledem b den Saulus im Martyrium St. Estiennes eine hervorragende Rolle spielen lassen, so musste er ihn unbedingt schon in dem uns überlieferten Teile dieses Martyriums auftreten lassen; doch da ist Saulus nicht vorhanden. Dagegen hatte Saulus eine solche hervorragende Stellung kurz vor seiner Bekehrung; denn da war er das Haupt der Christenverfolgung. Wir dürfen also annehmen, dass das Dialogfragment aus der ‚Conversion de St. Paul' stammt, womit das Vorhandensein dieses Teiles in der Version von b erwiesen wäre.

Bei a folgt nun die ‚Conversion de St. Denis'. Dass diese auch bei b folgte, lehrt das Personenverzeichnis unseres Manuscriptes, in dem der ‚aveugle et son varlet" angegeben sind, die wie bei a zu lesen ist, für die Bekehrung des Denis von ausschlaggebender Bedeutung sind.

Die vorletzte journée in der Version von a behandelt das ‚Martyre de St. Paul et de St. Pierre' unter Nero in Rom.

Auch b hat das Martyrium dieser beiden behandelt. Schon im Martyrium St. Estiennes deutet er darauf hin. Sathan erhält nämlich hier im Voraus den Auftrag:

Luciffer (V. 3407).
Et puis de la tu t'en yras
A Romme pour neron mouvoir
de faire ung oultrageux devoir
contre pierre et tous ses consors.

Dass unter den consors St. Paul zu verstehen war, erhellt aus einer Stelle der Prologscene der sechsten journée, wo die eschevins über die Christenverfolgung in Rom sprechen.

Le premier eschevin (V. 4425).
Je ne scay que qu'on nomme Pol
y a aussi laissé la teste.

Auch dass Denis bei b ebenso wie bei a von Athen über Rom nach Frankreich gereist ist, zeigt eine Aeusserung Denis' bei seinem ersten Zusammentreffen mit den eschevins in Paris.

St. Denis (V. 4836).<br>De Romanye nous venons.

Nach diesen Erwägungen ergiebt sich mit Zuhülfenahme der Version a für unser Mystère in seiner ursprünglichen Gestalt folgender Hauptinhalt:

Auf der Wanderung nach Ägypten begriffen, werden Denis und seine Gefährten durch eine Sonnenfinsternis veranlasst nach Athen zurückzukehren; sie bekehren sich hier zu dem Glauben an einen neuen Gott, den ‚Unbekannten' und weihen ihm einen Altar.

Darauf findet unter St. Pierres Leitung die Wahl der diacres statt. St. Estienne, als erster gewählt, geht nach Jerusalem und erleidet hier das Martyrium. Saulus zeichnet sich hierbei durch seinen Christenhass aus, wird infolgedessen zur Vertilgung der Christen nach Damaskus geschickt und unterwegs bekehrt. Auf seiner nun folgenden Missionsreise gelangt er nach Athen, bekehrt hier den Denis und zieht weiter nach Rom, wo er zusammen mit St. Pierre das Martyrium erleidet. Auf die Kunde hiervon will Denis seinem Bekehrer in den Tod folgen, wird aber in Rom vom Papste Clement zur Bekehrung der Franzosen nach Paris geschickt und erleidet hier den Märtyrertod.

Eine Einteilung in 6 journées ist nach den Hauptbegebenheiten des oben angedeuteten Inhaltes leicht durchzuführen.

I. Journée. Denis errichtet dem ‚unbekannten Gott'

einen Altar. Wahl der diacres. Estienne geht nach Jerusalem. Vorgeschichte seines Martyriums[1]).

II. Journée. Das eigentliche Martyrium St. Estiennes. (Saul's Wirken dabei.)

III. Journée. Bekehrung Sauls auf dem Wege nach Damaskus.

IV. Journée. Bekehrung des Denis durch St. Paul in Athen.

V. Journée. Martyrium St. Pierres und St. Pauls in Rom.

VI. Journée. Reise des Denis über Rom nach Paris. Sein Martyrium daselbst.

Nach dem nunmehr festgestellten Inhalt haben wir also in unserer Version eines jener Sammelmystères vor uns, die im 15. Jahrhundert in Simon Grebans: ‚Actes des Apôtres' ihre grösste Ausdehnung erreichten.

## VIII. Aufführung.

Über die Dauer einer Aufführung unseres Mystère in seiner ursprünglichen Gestalt lässt sich nur soviel sagen, dass die uns erhaltene erste und sechste journée je einen vollen Tag oder 2 demi-journées eingenommen haben, da in beiden mit der Bemerkung: ‚Icy se fait le disner' die Pause bezeichnet ist, die die Vormittags- von der Nachmittagsvorstellung trennte.

Als Ort der Aufführung ist Paris anzusehen. Dafür sprechen, abgesehen von der Bedeutung, die das Martyrium

---

1) Die Nacht, die Estienne im Kerker zubringt, trennt hier wie auch in anderen Mystères in natürlicher Weise eine journée von der andern.

des Denis für die Hauptstadt Frankreichs hatte, erstens die Eröffnungscene der sechsten journée, in der die neugewählten eschevins von Paris sich ausführlich über die Wichtigkeit ihrer Stellung aussprechen, ferner die mehrfache (V. 6107 ff., V. 6119 ff., V. 6364 ff.) Hervorhebung der Grösse und Schönheit der Stadt durch die fremden Gäste: Fescennin, den goellier und die tirans, endlich drittens die lokalen Anspielungen — Erwähnung des Place Maubert[1]), der Rue de la Foullerye — die uns vermuten lassen, dass der Verfasser unseres Mystère ein stadtkundiger Mann, vielleicht gar ein geborner Pariser war.

Steht es aber fest, dass Paris der Aufführungsort unseres Mystère war, so haben wir in den Schauspielern, die unsere wie die ältere Version darstellten, jedenfalls Mitglieder der ‚Confrérie de la Passion‘ zu sehen, denn diese mächtige Confrérie hatte gegen Ende des 15. und Anfang des 16. Jahrhunderts, wo unser Stück abgefasst ist, die Darstellung der Mystères in Paris fast völlig noch in ihren Händen.

---

1) Der Place Maubert ist noch heute vorhanden. Er liegt am Boulevard St. Germain unweit der Kreuzung desselben mit dem Boulevard St. Michel.

# Lebenslauf.

Am 4. August 1872 wurde ich, Otto Erler, als Sohn des Gerichtswundarztes Ludwig Erler in Gera, Reuss j. L., geboren. Ich bin protestantischer Confession. Bis zu meinem 13. Lebensjahre besuchte ich das Gymnasium, darauf das Realgymnasium meiner Vaterstadt, das ich Ostern 1892 mit dem Zeugnis der Reife verliess, um mich dem Studium der neueren Sprachen zu widmen. Ich studierte 6 Semester in Marburg und 2 in Berlin. Das Examen rigorosum bestand ich am 4. März 1896. Meine akademischen Lehrer waren:

Cohen, Theobald Fischer, Hermann Grimm, Justi, Kékulé, Köster, Kühnemann, Paulsen, Erich Schmidt, Schröder, Stengel, Tobler, Treitschke, Vietor, Weinhold, Zupitza.

Ihnen allen, besonders aber Herrn Professor Stengel, der mich bei der Anfertigung vorstehender Arbeit auf das bereitwilligste unterstützte, fühle ich mich zu aufrichtigem Danke verpflichtet.

www.ingramcontent.com/pod-product-compliance
Lightning Source LLC
Chambersburg PA
CBHW020729100426
42735CB00038B/1382